THE ALPINE PATH

通往绿山墙的小路

[加] 露西·莫德·蒙哥马利 著　马爱农 译

浙江文艺出版社

图书在版编目（CIP）数据

通往绿山墙的小路 /（加）露西·莫德·蒙哥马利 著；马爱农译. —杭州：浙江文艺出版社，2020.11 （2021.4重印）

ISBN 978-7-5339-6244-9

Ⅰ.①通… Ⅱ.①露… ②马… Ⅲ.①露西·莫 德·蒙哥马利—传记 Ⅳ.①K836.115.6

中国版本图书馆CIP数据核字（2020）第190128号

通往绿山墙的小路

作　　者：〔加〕露西·莫德·蒙哥马利
译　　者：马爱农
责任编辑：童潇骁
封面设计：吕翡翠
插　　画：呼呼CASSIE
出版发行：浙江文艺出版社
地　　址：杭州市体育场路347号
网　　址：www.zjwycbs.cn
经　　销：浙江省新华书店集团有限公司
印　　刷：浙江新华印刷技术有限公司
版　　次：2020年11月第1版
印　　次：2021年4月第3次印刷
开　　本：880毫米×1230毫米　1/32
字　　数：102千字
印　　张：5.125
插　　页：2
书　　号：ISBN 978-7-5339-6244-9
定　　价：36.00元

（如有印、装质量问题，请寄承印单位调换）

致中国读者

《绿山墙的安妮》和《通往绿山墙的小路》
中文版序言

我于二〇二〇年秋天撰写这篇序言时，世界正在流行大规模的疫情。这样的时代确实很有意思！充满了不安与恐惧，不知道未来会是怎样。我的祖母，L.M. 蒙哥马利，在一九一八年流感大流行时也经历了与此非常相似的时期。她深爱的爱德华王子岛的几个家庭成员感染那种致命流感，她与他们有过接触，所幸并未感染。一九一八年，她最好的朋友和堂妹弗兰德·坎贝尔死于那场流感。那是加拿大历史上一段非常令人不安的时期，让我想起当今世界上正在发生的事情。

一九一七年一月一日，我的祖母应《女性世界》杂志编辑的要求，写了《通往绿山墙的小路》（又译《阿尔卑斯山的小路：我职业生涯的故事》），最初在这份杂志上连载发表。"阿尔卑斯山的小路"指的是她漫长的成功之路，出自《献给带穗的龙胆草》一诗。后来它以图书形式出版，是我最喜欢的书之一！

我的祖母对爱德华王子岛乡村以及生活在那里的人们的描述，笔触亲切，反映了内心对他们的珍视。她从未否认自己渴望成为一名职业作家，也从未在任何时候放下手中的笔！她说，她写这本书是为了"可以给那些正在我曾经追逐成功的艰难道路上挣扎的苦行者一些鼓励"。这是一个充满灵感的故事，她对深爱的爱德华王子岛的描述极富魅力。希望《通往绿山墙的小路》中文版的读者也有同感。

L.M. 蒙哥马利的写作大多是乐观的，但她的生活却充满了挑战。一九〇五年，她创作了小说处女作《绿山墙的安妮》，这也是她最著名的一部作品。

我一直知道《绿山墙的安妮》有一种神奇的特质，跨越了时间、地点、年龄、性别和国籍的障碍。《绿山墙的安妮》的开篇区区一两百字，就使读者立刻知道了阿冯利小镇，同时领略到大自然灵性与豪放的力量，以及既是整体，又各自独立的和谐生活的可能性。我认为这是一段十分高妙的开场白。

安妮令我们感动，因为她是这样一个初心不变的人物，在小说的一开始，我们就发现她真诚坦率，有一颗博大的心，渴望爱与被爱，完全忠实于自己。

《绿山墙的安妮》的世界里满满的都是寻常生活——居家过日子，鲜花和自然，那份安静和温柔——尽管偶有暴雨来袭，以及孩子和大人们的喜怒哀乐。它讲述的是善良与爱，心碎与孤独，以及彼此接受。它讲述的是家庭、友谊和"融入"。

它还讲述了安妮因为是孤儿、红头发、与众不同而无法融入集体，以及最后接受了自己的独特。我想，我们都能从安妮夸张的性格、冲动的脾气，从她对梦想的信念、对认同的渴望中找到共鸣。

我从小就为祖母的成就感到无比自豪，并将继续尊重她留下的伟大遗产。《绿山墙的安妮》已出版超过一百一十二年，被翻译成三十七种语言，并被改编成音乐剧、舞台剧、电影和电视连续剧、故事片和音频剧。专家学者们编写了《绿山墙的安妮》的评论版本，学者与学生们都写过关于 L.M. 蒙哥马利的研究论著，还撰写了几部我祖母的传记，并出版了她的私人日记。全世界的人对安妮和 L.M. 蒙哥马利的痴迷依然未减。

　　不管你是第一次读这本小说，还是带着怀旧之情重新翻开书页，我都欢迎你阅读这个故事，它的主人公是世界上最受喜爱的文学人物之一。希望读者们喜欢这个新的中文版本。

凯特·麦克唐纳·巴特勒——伊万·斯图亚特·麦克唐纳

（L.M. 蒙哥马利次子）之女——和露丝·伊丽莎·麦克唐纳

二〇二〇年秋

原载于 1917 年 6 月至 11 月的《女性世界》杂志，

分六期发表。

海岸边的群像
1895 年前后摄于爱德华王子岛卡文迪什

但是我们无法用陆地或海洋的概念来定义爱德华王子岛的魅力。它太难以捉摸——太微妙了。有时我想，正是景致的质朴无华给了王子岛独特的魅力。这种质朴从何而来？是幽暗斑驳的云杉和冷杉吗？是对大海和河流的惊鸿一瞥吗？是令人神清气爽的海腥味的空气吗？抑或，它来自更深的地方，来自这片土地的灵魂深处？

当《女性世界》的编辑找到我，让我写写"我职业生涯的故事"时，我笑了，带着一丝难以置信的受宠若惊。我的职业生涯？我有职业吗？一份"职业"应该是一份奇妙、辉煌、精彩纷呈的工作，至少应该是一份多姿多彩、令人兴奋的工作，不是吗？我漫长而艰苦的奋斗，我经历的那么多恬静而平淡的岁月，能被称为"职业"吗？我从来没有想过这样称呼它；而且，乍一想，这些漫长而单调的拼搏似乎并没有什么可说的。然而，就是因为这位编辑的一时心血来潮，逼着我把那一点点心里话都说出来；在那些漫长的岁月里，我养成了一种习惯，总是听从编辑的心血来潮，这种习惯根深蒂固，至今无法摆脱。所以，我要高高兴兴地把我平淡的故事讲出来。即使没有其他意义，但至少可以给那些正在我曾经追逐成功的艰难道路上挣扎的苦行者一些鼓励吧。

许多年前，当我还是个孩子的时候，我从当时的一本杂志上剪下一小段题为《献给带穗的龙胆草》的诗文，把它贴在我的小文件夹的一角，这个文件夹我一般是用来收藏信件和学校作业的。每次打开文件夹，我都要重读其中的这一段；它是我每一个目标和抱负的主题：

> 花啊，请你在睡梦中向我低语
>
> 我怎样才能奋力攀登
>
> 阿尔卑斯山的小路，如此艰难、崎岖，
>
> 通向那崇高的峰顶；
>
> 我怎样才能达到那遥远的目的地，
>
> 获得真实而光荣的声名，
>
> 在那闪亮的卷轴里
>
> 书写一个女人卑微的名姓。

这确确实实是一条"艰难、崎岖"的小路；如果我写的一些文字能够帮助或鼓励这条小路上的另一位朝圣者，那么我很乐意把它们写下来。

我出生在爱德华王子岛克利夫顿的一个小村庄。"老爱德华王子岛"是出生的好地方，也是度过童年的好地方。我想不出比它更好的地方了。我们爱德华王子岛的岛民对家乡忠心耿耿。我们从内心深处相信，没有任何地方能像这个小小的省一样孕育我们。我们也许会怀疑它并不完美，就像这个星球上的其他地方一样，但你不会看到我们坦白承认这一点。对于说出这种话的人，我们实在是恨得牙根痒痒！只有一个办法能引诱爱德华王子岛的岛民勉强出言批评他所钟爱的爱岛省，那就是对它大加赞扬。然后，岛民为了平息诸神的愤怒，也为了体面地掩饰自己膨胀的骄傲，或许会说出它的一两个缺点——那不过是太阳上的斑点，瑕不掩瑜。但如果对方竟敢附和他的意见，那就大错特错，罪不可恕了！

不过，爱德华王子岛确实是一个美丽的省——而且我相信它是北美洲最美丽的地方。其他地方有着更华丽的风光和更壮观的景色，但是就纯洁和宁静可爱这一点来说，它是无与伦比的。"被神圣的大海包围着"，它漂浮在蓝色海湾的波浪上，是一处绿色的隐蔽地，是一个"幽古宁静的所在"。

爱德华王子岛的美丽，很大程度上归功于它鲜明的色彩对比——鲜红色的蜿蜒道路，翠绿色的丘陵和草地，以及周围蔚蓝闪烁的大海。正是大海，让爱德华王子岛的价值超越了它本身的地理意义。茫茫的大海随处可见。除了内陆的几处地方，你不管在哪儿总能看到大海，哪怕只是远山之间的一条小小的蓝色缝隙，或是河口的云杉树的暗枝中透出的蓝绿色亮光。我们对大海的爱是巨大的；它的气息渗透进我们的血液，它迷人的波涛声永远在我们耳边回响；无论我们在远方的什么地方漂泊，海浪的低语总会在梦中把我们召唤回故乡。我今生今世最心怀感恩的，就是我曾在蓝色的圣劳伦斯湾出生和长大。

但是我们无法用陆地或海洋的概念来定义爱德华王子岛的魅力。它太难以捉摸——太微妙了。有时我想，正是景致的

PRIVATE POST CARD

Made in Germany.

Imp. W. H. Smith, Druggist and Stationer, Uxbridge, Ont.

PRIVATE POST CARD

THIS SPACE MAY BE USED FOR CORRESPONDENCE

THIS SPACE IS FOR ADDRESS ONLY.

我出生在爱德华王子
岛克利夫顿的一个小
村庄

R. W. 646

质朴无华给了王子岛独特的魅力。这种质朴从何而来？是幽暗斑驳的云杉和冷杉吗？是对大海和河流的惊鸿一瞥吗？是令人神清气爽的海腥味的空气吗？抑或，它来自更深的地方，来自这片土地的灵魂深处？因为土地和人一样具有个性，要了解它的个性，你必须在这片土地上生活，与它朝夕相伴，并从它那里汲取身体和精神的养分；只有这样，你才能真正了解一片土地，同时也被它所了解。

我的父亲是休·约翰·蒙哥马利，我的母亲是克拉拉·伍尔纳·麦克尼尔。我的祖上是苏格兰人，并混杂着几位"贵族"和"伟人"的英格兰血统。我们家有许多传说和故事，小时候，长辈们围着冬天的火炉讲故事，我总是听得津津有味。他们的浪漫在我的血液里流淌；探险的诱惑令我激动不已，这种冒险精神曾把我的祖先从古老的土地带到西部——我经常听到有些人把那片土地称为"家乡"，他们的父母是在加拿大出生和长大的。

很久以前，休·蒙哥马利从苏格兰来到加拿大。他乘坐的是一艘开往魁北克的船，但是命运和一个女人的意志改变了他的人生轨迹。他的妻子在横渡大西洋的途中严重晕船，难受到了极点——那时候横渡大西洋远远不止五天的航程。爱德华王子岛当时是一片蛮荒的林地，人烟稀少。到了爱德华王子岛的北岸，船长停船去补充淡水，他对可怜的蒙哥马利太太说，她可以上岸去换换环境。蒙哥马利太太真的去了；当她的双脚再

次踏在坚实、干爽的土地上时，她告诉丈夫，她打算就留在那里了。她再也不会登上任何一条船。规劝、恳求、争吵，全都无济于事。可怜的太太决定留下来，她的丈夫也就不得不留在那儿陪她。就这样，蒙哥马利一家来到了爱德华王子岛。

他们的儿子唐纳德，我的曾祖父，是早年间另一出浪漫故事的主角。我在我的《故事女孩》中写了这个故事。书中的南希和贝蒂·谢尔曼，其实是南希和贝琪·彭曼，她们的父亲是大英帝国的效忠者，在独立战争的末期从美国而来。乔治·彭

蒙哥马利的祖父蒙哥马利参议员
摄于 1865 年

蒙哥马利的父亲休·约翰·蒙哥马利
摄于 1895 年前后

曼曾是英国军队的出纳员。他失去了所有的财产，家境贫寒，但是彭曼家的姑娘都很漂亮，尤其南希更是貌美如花，吸引了远近各处的追求者。《故事女孩》里的唐纳德·弗雷泽，其实是唐纳德·蒙哥马利，内尔·坎贝尔其实是大卫·默里，来自贝德克。在讲述这个故事的时候，我唯一允许自己添油加醋的，是给了唐纳德一匹马和一把剪刀。事实上，他所拥有的只是一头病歪歪的公牛，拴在一辆简陋的旧木雪橇上。他正是靠着这一套浪漫的装备，来到里士满湾，向南希求婚的！

我的祖父蒙哥马利参议员，是唐纳德和南希的儿子，他从母亲那里继承了端庄的仪态和英俊的面容。他娶了他的表妹，贝德克的安妮·默里，她是大卫和贝琪的女儿。所以南希和贝琪都是我的曾祖母。我绝对相信，贝琪如果活到今天，肯定会是个热心的妇女参政论者。即使是最激进的女权主义者，比起她向大卫求婚时那么彻底地摒弃旧习俗的做派，也会自愧不如。我还可以补充一句，我一直听别人说，她和大卫是世界上最幸福的一对。

我是从我母亲的家庭——麦克尼尔家——继承了写作才能和文学品味的。一七七五年，约翰·麦克尼尔来到爱德华王子岛；他的家族属于阿盖尔郡，是不幸的斯图亚特王朝的拥护者。后来，年轻的麦克尼尔发现，换个环境可能会带来益处。他的表弟赫克托·麦克尼尔，一位苏格兰名不见经传的诗人，曾写过几首优美而颇为著名的抒情诗，其中包括《看见我的小家伙，

看见我的小宝贝》《我只爱你这一个男孩》，和《快来听从我的摆布》——最后这首常常被误认为彭斯 的作品。

约翰·麦克尼尔定居在卡文迪什北岸的一个农场，有十二个孩子，最大的是威廉·麦克尼尔，也就是我的曾外祖父，大家都叫他"老演说家麦克尼尔"。他是一个非常聪明的人，在那个时代算是受过良好的教育，对地方政治有着广泛的影响力。他娶了伊丽莎·汤森为妻，伊丽莎的父亲是英国海军上校约

蒙哥马利和麦克尼尔家族的合照，最左为蒙哥马利·克利夫顿 1898 年前后摄于爱德华王子岛

翰·汤森。他的父亲詹姆斯·汤森得到乔治三世赐予的爱德华王子岛的土地，他以家族在英国的老宅的名字，给这块土地起名"公园角"（Park Corner）。他带着妻子搬了过来。妻子非常想家——非常叛逆。在到达后的几个星期里，妻子不肯脱下帽子，而是戴着帽子在家里走来走去，态度强硬地要求把她送回家。我们这些听过这个故事的孩子总是不厌其烦地猜测，她是在夜里摘下帽子，第二天早上再戴上呢，还是睡觉时也戴着帽子？可是她回不了家，最后只好脱下帽子，无奈地认命了。她非常平静地安眠在"闪光的小湖"（也就是公园角的坎贝尔池塘）岸边那片古老的家族小墓地里。一块古旧的红砂岩石板标记着她和丈夫长眠的地方，石板上刻着这篇被青苔覆盖的墓志铭——那一代人有时间镌刻这些墓志铭，也有时间细细品读。

"以此纪念爱德华王子岛公园角的詹姆斯·汤森及其爱妻伊丽莎。公元一七七五年，他们带着二子三女，即约翰、詹姆斯、伊丽莎、雷切尔和玛丽，自英国移居此岛。其子约翰在父母生前死于安提瓜岛。一七九五年四月十七日，他那饱受折磨的六十九岁的母亲安详地随他进入永恒的天国。其郁郁寡欢的丈夫于一八〇六年十二月二十五日去世，享年八十七岁。"

我想知道，在伊丽莎·汤森长眠的这一百多年里，是否做过思乡的梦！

威廉·麦克尼尔和伊丽莎·麦克尼尔子女众多，且个个智力超群。他们所受的教育，不过是在蛮荒年间那种简陋的地方学校里不定期地上上学；如果境遇更好一些，他们中的一些人肯定可以飞黄腾达。我的外祖父亚历山大·麦克尼尔有着质朴、纯粹的文学品味，在散文写作方面颇有造诣。我的舅祖父威廉·麦克尼尔会写十分精彩的讽刺诗。他的哥哥詹姆斯·麦克尼尔是一个天生的诗人。他写了几百首诗，有时会背诵给喜欢的人听。这些诗从未被记录下来，据我所知，现在连一行也找不到了。我听我的外祖父背诵过很多首，都是真正的诗，大部分是讽刺诗或模仿英雄诗，风格诙谐、尖刻，富有戏剧性。詹姆斯舅祖父有点像一个"沉默的、寂寂无名的"彭斯①。因环境所迫，他在爱德华王子岛一个偏远的农场度过一生。如果他能得到今天任何一个学生都能得到的教育，我相信他既不会是沉默的，也不会是寂寂无名的。

　　我把《故事女孩》献给了"玛丽·劳森姨祖母"，她是威廉和伊丽莎·麦克尼尔的另一个女儿。缺少了对她的致谢，我的"职业"就不完整，因为她是对我的童年有着塑造性影响的人之一。在许多方面，她真的都是我心目中最了不起的女人。她没有受过什么正规教育，但是天生具有强大的头脑、敏锐的智慧和非凡的记忆力，这种记忆力一直保持到她去世的那天，她所听到、读到、看到的一切都深深印在脑海里。她是个非常健谈的人，口才很好。能让玛丽姨祖母开口讲故事，回忆她年轻时的往事，绘声绘色地讲述当年爱岛省那些人的言谈举止，真是一件令人快乐的事。我们曾是忘年交，她和我，她年逾古稀，我还在青春期。我用任何语言都无法表达对玛丽·劳森姨祖母的这份感激之情。

　　我二十一个月大的时候，母亲因久病不愈，在卡文迪什的老房子里去世了。我清楚地记得看见她躺在棺材里——这是我最早的记忆。父亲抱着我站在棺材旁。我穿着一件绣花的白色细布小洋装，父亲在哭。女人们围坐在房间里，我还记得坐在我前面沙发上的两个女人在窃窃私语，同情地看着我和父亲。她们身后的窗户开着，绿色的藤蔓垂悬在窗口，它们的影子在地板上的一方阳光里摇曳起舞。

　　我低头看着妈妈死去的脸庞。那是一张柔美的脸，尽管几个月的病痛折磨使它变得消瘦憔悴。我的母亲曾经是个美人，死神对所有的一切都那么残忍，却饶过了她那纤丽的五官轮廓，饶过了她那凹陷的脸颊上丝一般的长睫毛，也饶过了她那浓密的金黄色秀发。

　　我心中并没有任何忧伤，因为我不知道那一切意味着什么。我只是隐约感到有些不安。母亲为什么一动不动？父亲为什么哭泣？我弯下身，把小手放在妈妈的脸颊上。即便当时年幼无知，我也能感觉我摸到了一片冰凉。房间里有人抽泣着说"可怜的孩子"。母亲脸上的寒意吓坏了我，我转过身，求救地搂住父亲的脖子，他亲了亲我。我得到了安慰，在父亲把我抱走时，我又低下头来看着那张柔美、宁静的脸。对于这位少女般的母亲，我仅有这一段珍贵的记忆，她长眠于卡文迪什的古老墓地，在大海的喃喃细语中得到永远的抚慰。

①罗伯特·彭斯（1759—1796），苏格兰农民诗人，在英国文学史上占有特殊重要的地位，复活并丰富了苏格兰民歌，他的诗歌富有音乐性，可以歌唱，充满了激进的民主、自由的思想，歌颂了家乡的秀美，抒写了劳动者淳朴的友谊和爱情。

6 岁的蒙哥马利
1880 年前后摄于爱德华王子岛

　　我从不取笑小孩子。但凡有了这样做的倾向，我一定会想起福布斯先生使我遭受的痛苦，便立刻悬崖勒马。对他来说，只是戏弄一个"敏感"的孩子并从中"取乐"。对我来说，这却堪比剧毒穿心的毒药。

　　我是在卡文迪什的麦克尼尔老宅里由外祖父母带大的。卡文迪什是爱德华王子岛北岸的一个农业定居点。它离铁路十一英里，离最近的城镇二十四英里。一七〇〇年，三个苏格兰家族——麦克尼尔家族、辛普森家族和克拉克家族——在此定居。这几个家族之间通婚的情况十分常见，只有在卡文迪什土生土长的人，才能知道可以对谁随便地评头论足。我听到玛丽·劳森姨祖母曾毫无心计地承认"麦克尼尔和辛普森一家总认为自己比普通人略胜一筹"；当地还有一种不怀好意的说法，总是被外人用来说我们这几个家族的人："愿上帝拯救我们，摆脱辛普森家的自负、麦克尼尔家的骄傲和克拉克家的虚荣。"这三个家族虽然有这样那样的缺点，但都是忠诚的、抱团的、正直的、敬畏上帝的人，继承了虔诚、简朴和志向高远的传统。

　　我的童年和少年时代是在卡文迪什一座老式的农舍里度过的，四周都是苹果园。我生命的最初六年在回忆中已然模糊，只记得到处都是一幅幅色彩鲜艳的画面。在其中一个美妙的瞬间，我天真地以为自己发现了天堂的确切位置。

我还不满四岁时，有一个星期天，我和艾米丽姨妈在克利夫顿的老教堂里。我听见牧师说了一些关于天堂的事——对于那个奇怪而神秘的地方，我唯一能确定的就是"母亲去的地方"。

　　"天堂在哪里？"我低声对艾米莉姨妈说，尽管我很清楚在教堂里窃窃私语是一种不可饶恕的罪过。艾米莉姨妈没有说话。她默默地、严肃地向上指了指。带着童年时期那种刻板而隐晦的信念，我想当然地以为这意味着天堂是在克利夫顿教堂的天花板上。天花板上有个小小的方洞。为什么我们不能爬上去看看妈妈呢？我百思不得其解。我下定决心长大后要到克利夫顿去，想办法爬到天堂上去找妈妈。在好几年里，这种信念和希望一直都是我内心最大的，但却隐秘的安慰。天堂不是一个偏远的、不可企及的地方——"某个辉煌而遥远的海滩"。不，不！天堂就在十英里以外克利夫顿教堂的阁楼上！后来我才非常、非常忧伤地，慢慢放弃了这个信念。

　　胡德[①]在他那首迷人的《我记得，我记得》中写道，他比小时候离天堂更远了。对我来说也是这样，当年龄和经历最终将绝望的信念强加于我七岁的意识，使我不情愿地承认，天堂并不像我梦想的那样近时，我感觉这个世界似乎成了一个更冷、更孤独的地方。或许天堂是更近了，"比呼吸更近，比手脚更近"，但童年的想法无疑是非常具体的；我知道了珍珠大门和黄金街道并不在克利夫顿教堂的楼顶，当接受了这样一个事实之后，我就觉得它们可能是在最遥远的星星之外。

早期的许多记忆，都跟去祖父蒙哥马利在公园角的农场串门有关。他和他的家人当时住在"老屋"，那是我记忆中一个最古雅、最令人愉快的地方，满是橱柜和暗藏的角落，还有一些出人意外的小楼梯。就在那里，当我大约五岁的时候，我患了这辈子唯一一次重病——伤寒。

生病的前一天晚上，我和仆人们在厨房里，感觉和往常一样，"非常清醒，精力十足"——这是老厨娘经常说的话。我坐在火炉前，厨娘正在用一根专门的、又长又直的铁棒"拨弄"炉火。她把拨火棍放在炉边，我立刻捡了起来，打算自己"拨弄"一会儿，我很喜欢做这件事，喜欢看红通通的余烬落在黑色的炉灰上。

唉，我错拿了拨火棍的另一头！结果，我的手被严重烧伤了。这是我第一次感受身体上的疼痛，至少在我的记忆中是第一次。

我痛得要命，大哭不止；不过，我从自己引起的骚动中得到了很大的满足。一时间，我成了众星捧月的重要人物，这让我暗自得意。祖父责骂那个倒霉的、一时大意的厨娘。父亲恳求为我做点什么，人们慌乱地跑来跑去，提出一大堆不同的疗伤建议。最后，我哭着睡着了，把那只手和胳膊都浸在一桶冰水里，只有这样才能感到舒服一点。

第二天早上醒来时，我头疼欲裂，而且随着时间的推移，

蒙哥马利的母亲克拉拉·麦克尼尔·蒙哥马利
摄于 1870 年

头疼得越来越厉害。几天后，医生宣布我染上了伤寒。我不知道自己病了多久，只记得有几次非常虚弱，大家都以为我不会好起来了。

我刚一生病，麦克尼尔外祖母就被请来了。我非常高兴见到她，因为过于兴奋，体温升到了一个吓人的高度。她出去以后，父亲想让我平静下来，就对我说她已经回家了。他的本意是好的，但这简直就是一个噩耗。我暗自相信了——信得根深蒂固。当外祖母再次进来时，我无法相信那是她。不！她不是已经回家了吗？因此，这个女人一定是墨菲太太，一个经常在祖父家工作的女人，也像外祖母一样又高又瘦。

我不喜欢墨菲太太，我断然拒绝她靠近我。我说什么也不肯相信那是外祖母。人们以为我是发烧把脑子烧糊涂了，但我认为不是。当时我很清醒。父亲对我说的话，在我虚弱的心间留下了根深蒂固的印象。外祖母已经回家了，因此我想，她不可能在这儿。那个长得跟她很像的女人一定是别人。

直到后来我能坐起来了，才摆脱了这种错觉。一天晚上，我突然明白过来，原来这就是外祖母啊。我太高兴了，怎么也舍不得离开她的怀抱。我不停地抚摸着她的脸，惊喜地说："啊，你真的不是墨菲太太；你真的是外婆。"

当时，伤寒病人在康复期间不像现在这样严格地控制饮食。记得有一天，我刚退烧不久，还不能坐起来，我的晚餐是油炸香肠——味道浓郁、辛辣、鲜美，是家里自制的，那种香肠在如今这堕落的日子里是找不到了。那是许多天来我第一次感到饿，就狼吞虎咽地吃了起来。当然，按照所有的游戏规则，那些香肠应该会要了我的命，同时也就葬送了我现在的写作"职业"。但它们并没有。这些事情都是命中注定的。我相信是天意使我没有因为那些香肠而夭折。

第二年夏天发生的两件事，在我的记忆中留下了深刻的印象，也许是因为它们的冲击力那么强烈，又带着可以理解的痛苦。有一天，我听外祖母读报纸上的一篇文章，大意是说世界末日将在下一个星期天到来。当时，我对所有"印出来的文字"有着卑微的、死心塌地的信任。报纸上的东西一定是真的。说来遗憾，现在我已经失去了这种感人的信念，生活也因为少了许多欢乐和恐怖的刺激而变得更加贫乏。

从听到那个可怕的预言一直到星期天结束，我都生活在恐怖和惊惧之中。大人们嘲笑我，不肯认真回答我的问题。现在，我几乎像害怕审判日一样害怕被人嘲笑。但在当时那个决定命运的星期天的前一个星期六，我不断地问艾米莉姨妈，我们第二天下午是否还要去主日学校，把她弄得不胜其烦。她一口咬定当然要去，这使我感到放心多了。如果她真心认为主日学校还在，那么她肯定是不相信第二天会看到世界末日的。

可是——这消息是印在报纸上的呀。那天晚上对我来说非常痛苦。我根本睡不着觉。我是不是不会再听到"最后审判日的号声"了？现在我对它一笑置之——任何人都会一笑置之。

但是对一个轻信的孩子来说，这是一种真正的折磨，就像人生后来的每一种精神痛苦一样真实。

那个星期天比平常的星期天更显得没有尽头。但它终于结束了，当"黑暗的、下沉的太阳"把海湾紫色的天际线染成一片朦胧时，我长舒了一口气。这个充满了花朵和阳光的美丽的绿色世界没有被烧毁，它还会持续一段时间。但我一辈子都没有忘记那个星期天的痛苦。

许多年后，我以这件事为基础，写了《故事女孩》中的《审判日》一章。不同的是，国王果园的孩子们有彼此做伴，而我当时是孤军奋战。

另一件事就微不足道得多了。《故事女孩》中的马丁·福布斯的原型，是一个在我外祖父家待了一星期的老人。当然，福布斯不是他的真名。我相信他是个和蔼可亲、受人尊敬的老绅士。但是他每次跟我说话都叫我"约翰尼"，这使我对他恨之入骨。

我朝他大发雷霆！在我看来，这是一种最致命、最不可原谅的侮辱。我的愤怒却使他乐不可支，使他更坚持使用那个令人反感的别称。如果我有力量，真想把那个人撕成碎片！后来他离开时，我拒绝跟他握手，于是他粗门大嗓地笑着说："哦，好吧，我再也不叫你'约翰尼'了。从今往后，我要叫你'萨米'。"这当然更是火上浇油。

有许多年，我一听到那个人的名字，就会产生一种强烈的

EXTRA! EXTRA!

THE END OF THE WORLD

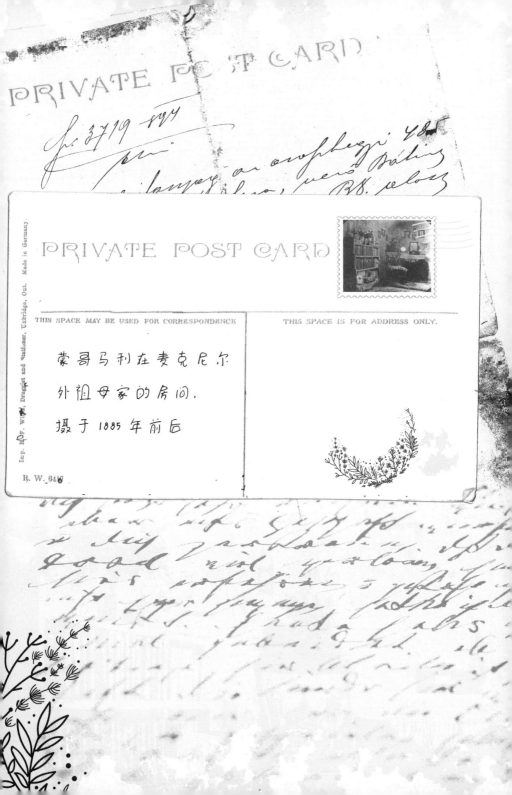

PRIVATE POST CARD

THIS SPACE MAY BE USED FOR CORRESPONDENCE

THIS SPACE IS FOR ADDRESS ONLY.

蒙哥马利在麦克尼尔
外祖母家的房间.
摄于 1885 年前后

Inip. R. Or. Wilby, Druggist and Stationer, Uxbridge, Ont.   Made in Germany.

R. W. 6117

愤怒。我记得整整五年之后，当我十岁的时候，我还在日记里写道："詹姆斯·福布斯死了，他是萨默塞德郡一个讨厌鬼的兄弟，那个人管我叫'约翰尼'。"

我再也没见过可怜的福布斯老先生，所以也就不用忍受被人称作"萨米"的侮辱。现在他已经命归黄土，我敢说，他叫我"约翰尼"这件事在他接受审判时并没有被提及。然而，他即使犯过被认为是天大的罪，也不及他戏弄一个孩子、使她敏感的心灵蒙羞那样罪不可赦。

那次经历至少给了我一个教训。我从不取笑小孩子。但凡有了这样做的倾向，我一定会想起福布斯先生使我遭受的痛苦，便立刻悬崖勒马。对他来说，只是戏弄一个"敏感"的孩子并从中"取乐"。对我来说，这却堪比剧毒穿心的毒药。

---

①托马斯·胡德（1799—1845），英国诗人、作家，早年受浪漫主义诗歌的影响，创作了许多温情的浪漫主义诗篇，后来创作了许多幽默诗和充满人文主义的诗篇。代表作为《衬衫之歌》和《叹息桥》。有人称赞他为介于雪莱时代和丁尼生时代之间最伟大的英国诗人。

蒙哥马利与贝尔蒙学校的孩子
1897 年前后摄于爱德华王子岛贝尔蒙村

长老会教堂
1890 年前后摄于爱德华王子岛卡文迪什

快乐的源泉

"白夫人"
1895 年前后摄于爱德华王子岛卡文迪什

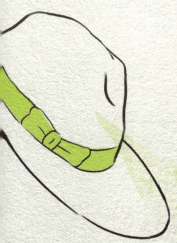

　　我永远感激我的学校周围有一片小树林——林间小径蜿蜒，各种蕨类植物、苔藓和野花就像一个丰富的大宝藏。它对我一生的影响，比在学校课堂里学到的功课更重要、更有价值。

　　第二年夏天，六岁的我开始上学。卡文迪什学校的校舍是我们大门外路边一座低矮的白墙建筑。西面和南面有一片云杉林，它覆盖着一个小山坡。那片古老的云杉林里点缀着一些枫树，在我幼稚的想象中是一个美丽而浪漫的仙境。我永远感激我的学校周围有一片小树林——林间小径蜿蜒，各种蕨类植物、苔藓和野花就像一个丰富的大宝藏。它对我一生的影响，比在学校课堂里学到的功课更重要、更有价值。

　　树林里还有一条小溪——一条令人愉快的小溪，伴着一处又大、又深、又清澈的泉水——我们去那里取水，学生们总是把自己的奶瓶放在池塘的边边角角，这样在吃午饭时牛奶便是凉爽甘美的。每个学生都有各自专门的位置，如果哪个孩子霸占了别人的位置就会自找麻烦。说来遗憾，我在小溪里没有这份权利。上学前沿着蜿蜒的小路"飞奔"到一根长满青苔的原木上，把牛奶瓶藏在那里，阳光映照下的溪水在乳白色旁跳动、荡漾——这份乐趣与我无关。

　　我每天都必须回家吃饭，说来也是很不像话，但我对这一特权毫不感恩。当然，我现在意识到了，每天能回家吃一顿温暖的午餐是一件何等幸福的事情。但当时我不能从这个角度看问题。在家吃饭，比起在学校里大家在操场上围着热热闹闹地吃，或者三五成群地聚在树下吃，那乐趣差得不是一点半点。冬天那几个狂风暴雪的日子，我不得不在学校里吃饭，这可把我高兴坏了。我也成了"人群中的一员"，没有因为优越的条件而被孤立起来。

另一件让我感到与别人格格不入的事情，是我从来没有被允许赤脚上学。所有的孩子都光着脚，我就觉得自己的这种与众不同是一种耻辱。在家里，我可以赤脚跑步，但在学校必须穿着"带扣的靴子"。不久前，一个当年和我一起上学的女孩向我坦言，她一直很羡慕我那双"带扣的漂亮靴子"。人总是渴望自己没有的东西！我渴望像我的伙伴一样光着脚走路，而他们却不无妒意地想，穿着带扣的靴子是一种多么大的幸福！

我认为，大多数成年人都没有真正意识到，敏感的孩子因为自己和这个小小世界的其他居民之间存在某点明显的差异，

卡文迪什的森林

1895 年前后摄于爱德华王子岛卡文迪什

而遭受了怎样的折磨。我记得有一年冬天，我被送去上学时穿着一种新式围裙。我至今仍然认为它很丑陋。当时更是觉得难看至极。那是一件长长的、类似麻袋的衣服，还有袖子。那两个袖子是最大的耻辱。学校里从没有人穿过带袖子的围裙。我上学时，一个女孩讥笑着说这是婴儿围裙。这句话最过分！我没法忍受穿这种围裙，却又不得不穿。这种耻辱一直伴随着我。围裙可真是结实耐穿，直到最后，那些"婴儿围裙"对我来说都标志着人类忍耐的极限。

我对上学第一天没有什么特别的记忆。艾米莉姨妈把我领到学校，交给几个"大女孩"照管，那天我就和她们坐在一起。但是到了第二天——啊！我一辈子都不会忘记。我迟到了，不得不独自走进去。我很害羞地溜进教室，坐在一个"大女孩"旁边。教室里立刻传开一阵笑声。我是戴着帽子进教室的。

我写下这些文字时，那一刻所忍受的可怕的羞愧和耻辱再一次涌上心头。我觉得自己成了整个宇宙嘲笑的对象。我当时认定我永远无法忘记这个可怕的错误。我蹑手蹑脚地走出来，摘掉帽子，那个可怜的小人儿简直羞得无地自容。

我对"大女孩"——她们只有十岁，但在我眼里已经很大——的新奇感很快就消失了，我被吸引到我的同龄女孩们中间。我们做加法，背乘法口诀表，抄生词，读课文，练习拼写。我上学前就能读会写。一定有那么一段时间，我突然明白了"A"是"A"，那是踏入魔法世界的第一步，但是在我的记忆中，我好像一生下来就有阅读的能力，就像我们生来就有呼吸和进食的能力一样。

我当时在学习"皇家阅读"系列的第二册。我在家里读过这个系列的入门书，里面有各种"cat and rat（猫和老鼠）"之类的课文，然后我跳过第一册，直接读了第二册。上学以后我才发现还有一本第一册，我为自己没有看过第一册而感到非常难过。似乎我错过了什么东西，因而，至少在我自己看来，失去了某种地位，而且一辈子都没能找得回来。直到今天，因为没有读过"皇家阅读"系列的第一册，我心里仍有一种奇怪而荒谬的遗憾。

从第七年起，我的生活在记忆中变得比较清晰了。我七岁生日之后的那个冬天，艾米莉姨妈结婚离开了。我还记得她的婚礼，那是一件非常激动人心的大事，包括之前几个星期的神秘的准备工作：烘焙、撒糖霜、装饰蛋糕，忙得不亦乐乎！艾米莉姨妈那时还是个小女孩，但在我看来，她和其他成年人一样老迈了。那时候我对年龄没有概念。你要么是成年人，要么不是，就这么极端。

那是一场如今已无人知晓的老派婚礼。双方所有的重要"亲属"都出席了，仪式在七点钟举行，紧接着就吃晚饭，然后是跳舞和游戏，一点钟还有一顿丰盛的晚宴。

这一天我破例被允许熬夜，可能是因为没有地方让我睡觉吧，每个房间都被用来搞庆祝活动了，我在兴奋和无人看管的放纵状态中过了一星期，累得要命。但是很值得！说来后悔，我用拳头打了那个新郎官，对他说我恨他，因为他要把我的艾米莉姨妈带走。

第二年夏天，两个小男孩来到我祖父家上学，他们分别叫惠灵顿和大卫·纳尔逊，大家都叫他们"威尔"和"戴夫"。威尔跟我一般大，戴夫比我小一岁。他们是我的玩伴，我们一起度过了愉快的三年。我们尽情地玩乐，享受丰富、简单、健康有益、令人欢欣的乐趣，在夏日美丽的黄昏中玩"过家家"和其他游戏，在田野和果园里开心地漫步，在冬天的漫漫长夜里在炉火旁玩耍。

他们来的第一个夏天，我们在前面果园西边的云杉树林里搭了一间游戏房。那里有一小圈幼嫩的云杉树。我们把树桩插在树与树之间的地里，将树枝编织其间，搭出了我们的游戏房。我在这方面特别在行，总能把青翠的城堡里那些乱七八糟的窟窿都填满，赢得两个男孩的赞赏。我们还为游戏房做了一扇晃晃悠悠的门，用三块粗糙的木板歪歪扭扭地钉在另外两块木板上，然后用旧靴子上剪下来的粗糙皮革做成铰链，把门挂在一棵饱受蹂躏的桦树上。但是在我们的眼中，那扇门是那么美丽、那么宝贵，就像古代犹太人眼中的圣殿美门。要知道，那可是我们亲手做的呀！

当时我们还有一个小花园，尽管它配不上我们所有艰辛的劳动，却是我们骄傲和快乐的源泉。我们在所有的花圃里都种上了常青植物，它们便也像常青植物一样顺利生长。它们差不多是唯一长出来的东西。我们的胡萝卜和防风草，我们的生菜和甜菜，我们的夹竹桃和甜豆——要么压根儿就没发芽，要么长得苍白、细瘦，最后不了了之，尽管我们一直在耐心地松土、施肥、除草、浇水，也或许正是因为投入得太多吧，我担心我们热心有余，智慧不足。但是我们坚持不懈，从几株顽强的向日葵中得到了安慰。这些向日葵种在一个无人照料的地方，却长得比我们宠爱的所有宝贝都要茁壮，用它们金灿灿的快乐光芒照亮了云杉林的一角。我记得我们当时非常苦恼，因为豆荚皮总是长出来盖住豆子。我们毫不迟疑地摘去豆荚皮，这通常给豆子带来了灭顶之灾。

《绿山墙的安妮》的读者会记得那片闹鬼的森林。那对我们三个小鬼来说却是可怕的事实。威尔和戴夫对鬼魂深信不疑。我常常和他们争论这个问题，结果令人沮丧：我也被他们传染了。我并不是真的完全相信鬼魂，但我倾向于同意哈姆雷特的观点，天堂和人间存在的联系，可能比大家通常所想象的——比卡文迪什的权威人士所认为的，要多得多。

闹鬼的树林，是果园下面的田野里一片安全而美丽的云杉树林。我们认为平常去的那些地方都太普通了，为了找点乐子，就发明了这个说法。起初我们谁也不相信这片树林闹鬼，也不相信我们在光线昏暗时假装看见的那些在树林里飞来飞去的神秘的"白色物质"不过是我们自己想象出来的。但是我们的理智太软弱，我们的想象力太强大。我们很快就完全相信了自己编出来的神话，谁也不敢在日落之后靠近那片树林，哪怕面临死亡的痛苦。死亡！死亡与可能落入"白色物质"魔爪的恐怖相比，算得了什么？

　　暮色降临，当我们在夏日的黄昏像往常一样坐在后院的门廊上时，威尔会绘声绘色地给我讲一些毛骨悚然的故事，听得我头发根根竖起，即使真有一大堆"白色物质"突然从拐角处朝我们扑来，我也不会感到意外。有一个故事是这样的：一天晚上，他奶奶出去挤牛奶，好像看见了他爷爷从房子里出来，把奶牛赶到院子里，然后沿着小路走远。

　　这个故事的"诡异"之处在于，他奶奶一进屋，发现他爷爷就躺在沙发上，跟她刚才出去前一样，一直没有离开过家门。第二天，那可怜的老头儿遭遇了一些事情。我忘了具体是什么事，但肯定是对他派自己的灵魂去赶牛的一种适当惩罚！

　　另一个故事是，附近有一个放荡的青年，在一个星期六的夜里，更确切地说，在一个星期天的早晨，从某个放纵的狂欢场所回家时，被一头浑身着火的羔羊追赶，羔羊的脑袋被砍断了，只连着一点皮或火苗。在那几个星期，天黑后我不管去哪里都缩着脖子走路，战战兢兢地提防着那个着火的幽灵。

　　一天傍晚，戴夫踏着暮色到苹果园来找我，两个眼珠子都快要迸出来了，他压低声音说，他听到那座已被废弃的房子里传出了铃声。当然，这中间的神秘感很快就消失了，因为我们发现这声音不过是一个刚被擦洗干净的钟在报时——这是以前未曾有过的。这件事给《故事女孩》的《鬼钟》一章提供了素材。

但是，有一天晚上，我们真实遭遇了鬼魂的惊吓——"真实"指的是"惊吓"，而不是"鬼魂"。黄昏时分，我们在房子南边的干草堆里玩耍，在一圈圈新割下的芳香扑鼻的干草中相互追逐。不经意间，我朝果园高坡的方向望去。顿时，一阵寒意袭上了我的脊背，因为就在那里，在那棵杜松树下，真的有一个"白色物质"，在逐渐加深的暮色中，呈现为白乎乎的一团。我们都停下来，瞪大了眼睛，好像变成了石头一样。

"是玛格·莱尔德。"戴夫惊恐地小声说。

我可以这样说，玛格·莱尔德是一个在乡间游荡乞讨的可怜人，一般来说，她是孩子们，尤其是戴夫，用来吓唬人的怪物。不幸的玛格平时穿的都是别人丢弃的脏衣服，所以我觉得这个白色的不速之客不太可能是她。我和威尔倒情愿认为那就是她，因为玛格至少是有血有肉的，而这个东西——

"胡说！"我说，努力想让自己恢复理智，"一定是那头白牛犊。"

威尔将信将疑，但欣然同意了我的说法，但那团不成形的、匍匐移动的东西看上去一点也不像小牛犊。

"它朝这边来了！"威尔突然惊恐地大叫起来。

我恐惧地看了一眼。没错！它正从高坡上往下爬，任何一头小牛犊都不会这么做，也不会这么爬。我们一边尖叫，一边

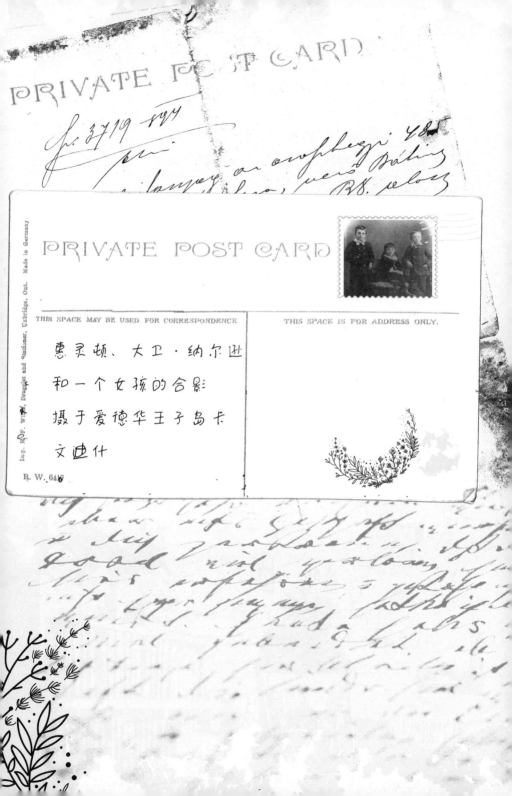

PRIVATE POST CARD

THIS SPACE MAY BE USED FOR CORRESPONDENCE

THIS SPACE IS FOR ADDRESS ONLY.

惠灵顿、大卫·纳尔逊
和一个女孩的合影
摄于爱德华王子岛卡
文迪什

向屋子跑去，戴夫每跑一步都气喘吁吁地说："是玛格·莱尔德。"但是我和威尔心里都明白，那其实是个"白色物质"，它终于显形来追我们了！

我们跑到房子里，冲进了外祖母的卧室，刚才她还在这里做针线活的。外祖母不在屋里。我们掉转身子，朝一个邻居家跑去，到那里时浑身都在发抖。我们气喘吁吁地讲了那个可怕的故事，当然受到了嘲笑。但是不管邻居怎么劝说，我们都不肯回去，他们的法裔加拿大仆人彼得和夏洛特就只好出去看个究竟，他们一个提着一桶燕麦，另一个举着一把干草叉。

他们回来后宣布什么也没看见。对此，我们并不感到惊讶。"白色物质"已经完成它的使命，吓得三个坏孩子失去了理智，然后它当然就消失了。但是我们死活不肯回家，后来是外祖父过来把我们押送了回去，真是丢脸。那东西到底是什么呢？

在杜松树下的草地上，有一块白色的台布正在漂白，暮色降临时，外祖母手里拿着毛线活儿，出去收这块台布。她把台布搭到肩上，这时毛线球掉了，滚下了高坡。外祖母跪下来，正要伸手去捡，却被我们突然的惊跑和尖叫声吓住了。没等她来得及动弹或喊叫，我们就跑得没影儿了。

我们最后的"鬼魂"就这样坍塌了，对幽灵的恐惧在那之后也逐渐消失，但很长时间我们都是人们嘲笑的对象。

我们在玩具房里玩耍，在花园里劳作，荡秋千，野餐，爬树。我们是多么爱树木啊！我深深感激我在这样一个地方度过童

年：这里有许多树，许多富有个性的树，它们是那些早已死去的手栽种和照料的，与我们生活中的一切喜怒哀乐紧密相连。当我和一棵树"生活"很多年之后，它对我来说就像一位亲爱的人生伴侣。

谷仓后面长着两棵树，我一直称它们为"恋人"，一棵云杉和一棵枫树，紧紧地缠绕在一起，云杉的枝干实际上已经跟枫树的枝干融为了一体。我记得我写过一首关于它们的诗，题目叫《树恋人》。它们一起幸福地生活了很多年。后来枫树先死了，云杉用忠诚的绿色臂弯搂住它的遗骸，搂了整整两年。但是它的心碎了，也离开了人间。它们美丽地活过，死后也不分离。它们以一个美好的幻想，滋养了一个孩子的心灵。

在前面果园的一个角落里，长着一棵漂亮的小白桦树。我给它起了个名字叫"白夫人"，幻想着它是附近所有黑云杉树的梦中情人，它们都因为它而成了情敌。这是我见过的最洁白、最挺拔的树，年轻、美丽，如同少女一样。

在闹鬼的树林的南边，有一棵最壮观的老桦树。在我看来，它俨然就是树中之树。我崇拜它，称它为"森林之王"。我最早写的"诗"之一——我写的第三首——就是关于它的，那年我九岁。现在只记得下面几行：

在杨树和云杉的周围

冷杉和枫树高高挺立；

但是我最喜欢那棵老树

它长在闹鬼的树林里。

那是一株庄严的老桦树，

高大挺拔，枝叶翠绿；

它挡住了酷热和耀眼的阳光，

这是一棵好树，我暗暗称许。

它是森林之王，

有个辉煌气派的名字，

哦，它是一棵美丽的白桦树，

它的英名不会被人忘记。

最后一行当然是诗意的虚构。奥利弗·温德尔·霍姆斯[①]
说过：

没有什么能够青春永驻，

据我所知，除了真理和一棵树。

即使是一棵树也不会永远活着。闹鬼的树林被砍伐了。那
棵大桦树还挺立着。但是，失去了茂密的云杉树的庇护，它在
来自海湾的猛烈北风中逐渐死去。每一年的春天，萌发绿芽儿

的树枝越来越少。那棵可怜的树站在那里，像一个衣衫褴褛、失去王位、被人抛弃的国王。当它最终被砍掉时，我并不感到遗憾。到了那个"梦境之国"，它将恢复它的王权，以永不褪色的风度统治着一切。

在这两个果园里，每棵苹果树都拥有自己的个性和名字——"艾米莉姨妈的树""利安德叔叔的树""小糖浆树""斑点树""蜘蛛树""加文树"等等。"加文树"结出浅绿色的小苹果，它之所以叫"加文"，是因为有一次相邻农场的一个名叫加文的小男孩来偷苹果时被抓住了。加文为什么要冒着良心受到谴责、名声扫地的危险，选择来偷这棵树上的苹果呢？我永远也弄不懂，这些苹果又硬又苦，口感很差，生吃和做菜都不可取。

亲爱的老树啊！我希望它们都有灵魂，并为了我再次生长在天堂的山丘上。真希望来世还能见到年迈的"森林之王"和"白夫人"，还有那棵贫瘠的、不厚道的小"加文树"。

---

①奥利弗·温德尔·霍姆斯（1809—1894），美国医师、幽默作家，以"早餐桌上"系列短文而闻名，曾任哈佛大学医学院院长，作品有《早餐桌上的霸主》等。

Vol.Ⅶ., No.7

我说不出到底害怕什么。

我知道树林里并没有比兔子

更凶的东西，也没有如那些聪明的大人

对我说的「比自己还可怕」的东西。

8 岁的蒙哥马利
1882 年前后摄于爱德华王子岛卡文迪什

海角的那边

　　我八岁那年，卡文迪什经历了一个非常惊心动魄的夏天，那也许是它有史以来最惊心动魄的夏天，不用说，我们这些孩子都沉浸在极度的兴奋之中。"马可·波罗"号在沙滩上失事了。

　　"马可·波罗"号是一艘非常有名的旧船，也是它那一类帆船中跑得最快的。它有一段离奇而浪漫的历史，是许多传说和水手故事的主要内容。它后来因违犯《吃水线法案》在英国受到追究。船主为了逃避罪责，把船卖给了一家挪威公司，然后包租它从魁北克运来一船木板。返航时，它在海湾遇到一场猛烈的风暴，船体出现裂缝，浸水厉害，船长决定把船靠岸，保住船员和货物。

　　那天卡文迪什遭遇了一场可怕的风暴。一条船要靠岸的消息一下子就传开了。凡是能够冲到沙滩去的人，都看到了一幅壮观的景象！——一艘大型船迎着北风开过来，船帆的每一道缝线都撑开了。它在距离海岸约三百码的地方着陆，撞毁了平头索具，巨大桅杆折断的声音一英里之外都能听见，远远盖过了暴风雨的咆哮。

第二天，二十个船员上岸，在卡文迪什找到了寄宿的地方。他们是典型的水手，在那年夏天剩下的时间里给我们安静的小镇涂抹上了绚丽的色彩。他们最开心的是挤进一辆大卡车，在大路上疾驰，高声喧哗。他们来自不同的国家和地区，爱尔兰人、英格兰人、苏格兰人、西班牙人、挪威人、瑞典人、荷兰人、德国人，最奇怪的是居然还有两个塔希提人①。这两个人长着毛茸茸的脑袋，嘴唇厚厚的，戴着金耳环，总是把我和威尔、戴夫逗得乐不可支。

这件事涉及许多繁复的官方手续，"马可·波罗"号的水手在卡文迪什一待就是几个星期。船长住在我们家里。他是挪威人，是一个讨人喜欢的、有绅士风度的老头儿，船员们都崇拜他。他英语说得很好，但有时候会把介词搞混。

"谢谢你针对我的好意，莫德小姐。"他总是一本正经地鞠一躬，说道。

因为船长在这里，船员们也经常在我们家进进出出。我记得那天晚上他们都发了钱：一个个坐在客厅窗外的草地上，用饼干喂我们家的老狗吉普。看到客厅的桌子上堆满了金币，我和威尔、戴夫眼睛都瞪得像猫头鹰的眼睛那样大。金币是船长发给他们的。我们没想到世界上竟会有这么多的财富。

从我最早的意识开始，海岸便自然而然一直是我生活的一部分。我逐渐学会了懂它，并且爱它的每一点喜怒哀乐。卡文迪什的海岸非常美丽，它的一部分是岩石海岸，崎岖的红色悬崖从布满卵石的小海湾拔地而起，陡然而立。另一部分是长长的、闪闪发光的沙滩，有一排圆圆的沙丘把沙滩与田野、池塘隔开，沙丘上覆盖着粗糙的沙丘草。这片沙滩是一个无与伦比的天然浴场。

我的童年时代，大部分时间都是在海岸边度过的。那时候的海岸不像今天这样安静和寂寥。当年钓鲭鱼是一件很有意思的事情。岸边点缀着一些渔家房屋，许多农民在自家农场的海岸边都有一间渔舍，还有一条船停在下面的坡道上。外祖父总是在夏天钓鲭鱼，两三个法裔加拿大人开着他的船在岸边垂钓。就在岩石逐渐消失和沙滩开始出现的地方，有一片密密的小渔村。那地方叫坎普尔，因为在最后一颗钉子敲进最后一座渔舍的那一天的那个时辰里，传来了印度兵变的坎普尔大屠杀的消息。现在那里一座房子也没有了。

人们会在凌晨三四点钟起床，出去钓鱼。然后我们这些孩

PRIVATE POST CARD

THIS SPACE MAY BE USED FOR CORRESPONDENCE

THIS SPACE IS FOR ADDRESS ONLY.

Imp. by W. Dresser and Stationer, Uxbridge, Ont. Made in Germany.

"公园角"海岸的碎浪
1895年前后
摄于爱德华王子岛"公
园角"海岸

子必须在八点把早饭给他们送去，中午再送去午饭，如果鱼群整天都很密集，他们晚饭也在外面吃。假期里，白天的大部分时间我们都在那里度过，我很快就熟悉了那片海岸的每一处海湾、岬角和岩石。我们会看着船划过明镜般的海面，我们在水中划桨，捡拾贝壳、卵石和贻贝，坐在岩石上，大把大把地吃红皮藻。退潮时，岩石上爬满了数百万只蜗牛，我们这样称呼它们，其实我认为正确的名字应该是玉黍螺。我们经常发现白色的空"蜗牛"壳，有我们的拳头那么大，是从遥远的海滨或海底深处冲上岸的。我就把霍姆斯那首《洞穴里的鹦鹉螺》的优美诗句熟记心间，经常想象自己如梦似幻地坐在一块大礁石上，湿漉漉的光脚藏在印花裙下面，晒得黧黑的手里拿着一个巨大的"蜗牛"壳，祈求我的灵魂"构建更加庄严的殿堂"。

在那片"不平静的大海"岸边，有许多"硕大的贝壳"，我们把它们带回家，仔细收藏，或把它们嵌在花坛周围。我们沿着海边往前走，在池塘汇入海湾的地方，总能发现数不清的漂亮的白色蛤蜊壳。

海浪不停地冲击着柔软的砂岩峭壁，把它们冲刷出了许多美丽的拱门和洞穴。在我们渔舍的东边，有一处险峻的海岬，退潮时，海水不断地拍打着它。这处海岬的狭窄处出现了一个洞——洞很小，我们连一只手都伸不进去。随着季节的交替，它慢慢变得越来越大。有一年夏天，我和一个喜欢冒险的同学一起钻过了那个洞。真挤啊，我们为自己做了这么一件勇敢的事而沾沾自喜，同时也感到很后怕，并猜测如果我们有一个人被卡在了半截会怎么样！

又过了几年，我们就能直着身子走过那个洞了。后来一辆马车也能通行无阻。最后，在大约十五年后，上面那层薄薄的岩石顶坍塌了，那处海岬变成了一座岛，仿佛它的壁上被劈开了一道门。

关于这片海岸有很多故事和传说，我听到一些老人谈起过。外祖父喜欢情节性强的故事，对其中的细节记忆犹新，并能很好地复述出来。他的许多故事讲的都是可怕的美国大风——也被称为"扬基风暴"，风暴曾导致数百艘美国渔船在海湾的北岸失事。

"富兰克林·德克斯特"号以及船上四兄弟的故事，在《黄金之路》中描述过，是一件真实发生的事。外祖父就是发现尸体的人之一，他帮助把尸体埋在卡文迪什教堂的墓地里，在那位伤心欲绝的父亲赶来时，还帮着把尸体刨出来，搬到那条命运多舛的"赛思·霍尔"号上。

还有勒福斯角的故事，这段有点悲剧色彩的不成文的历史可以追溯到很久以前，那时圣约翰岛还属于法国。故事发生在十八世纪六十年代的某个时候。我总是记不住日期。在学校里辛辛苦苦学了那么多东西，到头来我的记忆中只留下两个日期：公元前五十五年朱利叶斯·恺撒登陆英国；一八一五年滑铁卢战役打响。话说，当时法国和英国在交战。法国的私掠船在海湾出没，对新英格兰殖民地的商业进行掠夺。其中一条船是由一个叫勒福斯的上尉掌舵的。

一天晚上，他们在卡文迪什的海岸抛锚，当时那里还是一处没有名字、树木繁茂的荒僻之地。不知什么原因，船员们上了岸，在如今被称为勒福斯角的海岬上露营过夜。船长和大副共用一个帐篷，他们谈到了分赃的事情。两人大吵一架，约定日出时决斗。可是到了第二天早晨，当人们还在用脚测量距离时，大副突然举起手枪，击毙了勒福斯船长。

我不知道大副有没有因为这件事受到惩罚。可能没有。这只是长长一页杀戮史中的短短一句。船长被他的船员们埋在了他倒下的地方，我经常听到外祖父说起他的父亲小时候见过这个坟墓。它很久以前就被海浪冲刷得踪迹全无，但那名字仍留在那红色的海岬上，无法磨灭。

再往西走六七英里，视线就被新伦敦角挡住了，这是一个

蒙哥马利在卡文迪什海岸
1895 年前后摄于爱德华王子岛卡文迪什

长长的尖角，一直延伸到海上。在我的童年时代，我总是不厌其烦地猜想海角的另一边是什么，我相信那肯定是一个充满魔幻魅力的所在。后来我渐渐明白，海角的那边只是另一片海岸，跟我们这边的海岸没有什么不同，但在我的眼里它仍是那样神秘，魅力无穷。我渴望站在那个孤寂而荒僻的紫色海角上，眺望远处落日消失的地方。

站在那个海角远眺海上日落，这几乎是我看到过的最美丽的景色。后来一些年，这景致中又增添了一种新的魅力，夏夜的暮色中会出现一道旋转的光，像一颗璀璨的星星一样闪烁，如同遥远仙境里的一座灯塔。

我并不经常出远门。偶尔会去一次镇上——夏洛特敦[②]——或者去公园角的约翰·坎贝尔叔叔家，这是仅有的两种超越我视线的旅行，都被我视为极大的乐趣。去公园角的旅行相对来说比较频繁，每年至少一次，也许两次。去镇上旅行则是一种难得的恩赐，三年才有一次，它所带来的新奇、兴奋和愉悦，就跟现在或者战前去一趟欧洲的感觉差不多。它意味着要在一个美妙而迷人的地方短暂停留一段时间。在那里，每个人都盛装打扮，可以吃到自己想吃的所有坚果、糖果和橙子，更不用说还可以观赏商店橱窗里所有的美丽事物，那可真是其乐无穷。

我清楚地记得我五岁那年第一次去镇上。那一天我过得非常开心，但最令人高兴的，是我回家之前的一次小小冒险。外祖父和外祖母在街角遇到几个朋友，停下来跟他们聊天。我发现没有人管我了，就迅速跑进了旁边一条小巷，并因为冒险而兴奋不已。一个人走在一条陌生小巷里，感觉多么快乐、多么独立啊。那是一条很美妙的小巷，后来我再也没看见过——至少没有用同样的眼光看见过。没有任何一条街道具有那条小巷那样的奇异魅力。我看见的最难忘的一幕，是一个女人在房顶上抖毯子。那纷乱颠倒的景象让我惊讶得头晕目眩。我们都是在院子里抖毯子的。谁听说过在房顶上抖毯子啊！

走到小巷尽头，我发现一扇开着的门，便冷静地跑过台阶，发现自己来到了一个昏暗而奇妙的地方，到处都是桶，地上有漂亮的、卷曲的刨花儿，埋住了我的脚脖子。但是我看到远处的角落里有人在移动，顿时慌了心神，仓皇撤退，不是因为恐惧，而是因为害羞。回去的路上，我遇到一个手里拿着水罐的小女孩。我们都停了下来，带着儿童之间那种本能的、超常规的朋友之情，开始了一段亲密而贴心的谈话。她是一个快乐的小家伙，长着一双黑眼睛，梳着两条黑黑的长辫子。我们告诉对方自己多大了，拥有多少个洋娃娃，我们几乎把所有的事情都告诉了对方，偏偏漏掉了自己的名字，这点我们俩都没有想到。分手时，我感觉好像要离开一个永生永世的朋友。我们再也没有见过面。

我回到大人们身边，他们根本没有发现我跑走了，也不知道我曾如何兴高采烈地踏上仙境之旅。

去公园角的旅行总是令人愉快的。首先，一路的风景非常漂亮，在山丘和树林间弯弯曲曲地走上十三英里，还会经过河流和海岸。路上有许多桥，其中两座还是吊桥。我一直非常害怕吊桥，现在也是。从马踏上桥的那一刻起，我的心就紧张得缩成一团，直到安全地过了吊桥我才会松一口气。

约翰·坎贝尔叔叔的家是一座白色的大房子，周围密密麻麻都是果园。在那里，有时候会有三个快乐的表兄弟冲出来，伴随着问候和欢笑把我拖进家门。那座房子的每一面墙肯定都浸透着美好时光的精华。家里还有一个出了名的老式食品间，里面总是堆满了各种好吃的东西，我们睡觉前习惯挤在里面，一边说说笑笑，一边狼吞虎咽地吃着那些带来罪恶感的零食。

楼梯平台的墙上有一颗旧螺丝钉突在外面，它总让我清楚地意识到自己真的长大了。在最初的记忆中，我去公园角串门时，那颗螺丝钉只齐到我的鼻子！现在，它已经齐到我的膝盖了。我每次去那儿，都会用它来比比自己的身高。

我非常喜欢钓鳟鱼和采浆果。我们在树林的小溪里钓鱼，用的

绿山墙农舍
1895 年前后摄于爱德华王子岛卡文迪什

　　是那种古老的鱼钩和鱼线，鱼饵是毛毛虫。一般来说，我总会把毛毛虫弄到自己身上，但是我不肯罢休，非常紧张而卖力地做这件事。最后，我终于钓到了鱼。我记得有一天，我钓到了一条很大的鳟鱼，跟大人们在池塘里钓到的差不多大，心里别提多得意了。威尔、戴夫和我在一起，我觉得我在他们心目中的地位顿时上升了五个百分点。一个能钓到那样一条鳟鱼的小姑娘，是不应该被人轻视的。

　　采浆果是在树林后面的荒地和田野里，我们穿过树木繁茂的小路向那儿走去，小径上飘着六月铃的芳香，阳光和阴影斑驳跳动，地面覆盖着苔藓，我们看到狐狸和兔子在它们的窝穴里出没。日落时分，田野附近枫树林里的那些知更鸟的婉转啼鸣，是我听到过的最甜美的声音。

和小伙伴一起穿过树林是非常快乐的，但独自一人走在林间就是另一回事了。这条路再往前一英里住着一户人家，他们开了一间小店，卖茶叶和糖果之类。我经常被派去买一些家里要用的东西，我永远不会忘记穿过树林时我所忍受的那种恐惧。在树林里穿行的距离只有四分之一英里，但对我来说简直长得没有尽头。

我说不出到底害怕什么。我知道树林里并没有比兔子更凶的东西，也没有如那些聪明的大人对我说的"比自己还可怕"的东西。这只是祖先传给我的那种古老而原始的恐惧，远古时代的人是有充分的理由害怕森林的。对我来说，这却是一种盲目的、毫无道理的恐惧。而且这是在白天；天黑以后穿过那些树林绝对是想都不敢想的事。有人做过这件事。当时寄宿在我们家的一位年轻校长，似乎认为在夜里穿过树林没什么大不了的。在我眼里，他简直是人类历史上最伟大的英雄！

---

①塔希提人，太平洋中南部法属波利尼西亚塔希提岛上的居民。另有少数分布在新喀里多尼亚。属南方蒙古人种和澳大利亚人种的混合类型，为波利尼西亚人的一支。

②夏洛特敦（Charlottetown），加拿大城市，也是爱岛省的首府。

蒙哥马利最喜欢的猫之一：幸运

你也看到了，我童年的生活就这样如溪水一般流淌，很安静，很简单。没有什么惊心动魄的事，也没有什么堪称"职业"的东西。有人可能会认为乏味单调。但是我从来没觉得生活无聊。在我生动的想象中，我有一张去往仙境的通行证。一转眼间，我就能够——真的能够——让自己迅速进入一些奇幻冒险的领域，不受任何时间和地点的限制。

　　我已经说过我什么时候开始意识到身体的疼痛。而我第一次意识到精神上的痛苦忧伤，是在我九岁那年。

　　我有两只宠物猫，猫仔和小柳猫。我觉得猫仔有点太温顺了，鼻子粉嫩嫩的，不太适合我，而小柳猫是我见过的最漂亮、"最可爱"的毛茸茸的小灰猫，我对它充满了狂热的爱。

　　一天早上，我发现它被毒死了。当我看着我的小宠物那双明亮的眼睛无神地瞪着，一双小爪子慢慢变得僵硬冰冷时，心中的那份痛苦真是一辈子也难以忘记。我从来没有以成年人的智慧，嘲笑过自己对小猫的死亡所产生的强烈悲痛。那太真切了，太有象征性了！那是我第一次意识到死亡，是我自从对爱有了感知以来，第一次意识到我的所爱永远离开了我。在那一刻，人类的宿命笼罩我的心头，"死亡进入了我的世界"，我转身离别了童年的伊甸园。在那里，一切似乎都是永恒的，但那把锋利而刻骨铭心的痛苦的灼热之剑，已经永远地把我挡在了它的门外。

　　我们是长老会教徒，每个星期天都要去荒山上的老卡文迪什长老会教堂。它从来就不是一座漂亮的教堂，无论是外观还是内部，但悠久的历史和神圣的联想使它在礼拜者的眼中变得美丽。我们坐在靠窗的座位上，看着窗外西山长长的斜坡和蓝色的池塘，一直看到远处蜿蜒的沙丘边缘和明镜一般的蔚蓝海湾。

教堂后面有一个大画廊。我总是渴望坐在那里，主要是因为不被允许，这无疑又是一个禁忌的例子！一年一次，在圣餐主日那天，我可以和其他女孩一起去那里，这在我看来是一件极大的乐事。我们可以看到下面所有来参加集会的人，那天的集会总是一副花团锦簇的样子，到处都是新

帽子和新衣服。因此，圣餐主日之于我们，犹如城市居民眼中的复活节。我们都戴着新帽子或穿着新衣服，有时甚至两样都有！我非常担心，我们花在这些东西上的心思，超过了对宗教仪式和纪念活动的关注。那个时候，圣餐主日的仪式很长，我们这些小家伙总是感到很累，常常羡慕那些离经叛道的家伙，他们在会众们唱着"就在那天晚上，我注定要知道"的时候就离开了。我们更喜欢的是主日学校，而不是教会服侍。我记忆中最美好的时光，就是和小伙伴们一起在那座古老的教

蒙哥马利最喜欢的猫之一：拍拍　摄于 1925 年前后

堂里，用戴着棉手套的手拿着我们的《新约》和课文。星期六晚上，我们必须学习教义问答、主日学读物和经文释义。我总是喜欢背诵那些释义，尤其是带有戏剧性台词的内容。

伦敦的《观察家报》上有一篇关于《绿山墙的安妮》的十分善意的书评，说安妮可能被塑造得过于早熟，一个年仅十一岁的孩子似乎不太可能欣赏下面这些诗句的戏剧效果：

> 在米狄亚罪恶的一天里，
> 被杀戮的骑兵中队猝然倒地。

可是我在主日学校背诵这些诗句时，只有九岁，当时我的整个心灵都为之震颤。在接下来布道的过程中，我不断地在心中默念这两行诗。直到今天，它们都带给我一种神秘的快乐，这种快乐与它们的意思毫不相干。

你也看到了，我童年的生活就这样如溪水一般流淌，很安静，很简单。没有什么惊心动魄的事，也没有什么堪称"职业"的东西。有人可能会认为乏味单调。但是我从来没觉得生活无聊。在我生动的想象中，我有一张去往仙境的通行证。一转眼间，我就能够——真的能够——让自己迅速进入一些奇幻冒险的领域，不受任何时间和地点的限制。

一切都带有一种童话般的美丽和魅力，它来源于我自己的幻想，那些在我安睡的老房子周围彻夜低语的树木，那些我在树林里探索过的隐秘角落——因装了栅栏或形状独特而各有个性，还有耳边从未停止过的大海的呢喃——所有这一切，都闪耀着"光荣和梦想"。

我一直深爱着大自然。树林里的一小簇蕨草，冷杉树下的一小片六月铃，一棵高高白桦树的乳白色树干上洒落的一道月光，照耀着高坡上那棵老落叶松的一颗晚星，成熟麦田里的一片滚滚麦浪——所有这些，都使我产生了"眼泪也无法企及的深邃的思想"，以及任何词语都无法表达的各种情感。

我从很小的时候就觉得，我虽然置身于平凡的生活，但是离一个理想的美丽王国很近。在我和它之间只悬着一层薄薄的纱帘。我永远无法把它完全拉开，但偶尔一阵风吹过，我能瞥见那迷人的国度——只是惊鸿一瞥——而就是这些瞬间，总是让生命变得更有价值。

我狂热地喜欢读书，这是不用说的。我们家里的书不多，但通常会有很多报纸和一两本杂志。外祖母订阅了《格迪妇女手册》。我不知道现在是否还会喜欢这本杂志，但当时我觉得它非常神奇，它每个月的到来，对我而言简直就像是新的纪元。书的开头几页都是时装图样，总给我带来无尽的喜悦；我喜滋滋地打量它们，琢磨着如果可以的话我会挑选哪一款连衣裙，一琢磨就是好几个钟头。那个时代流行刘海、硬短发和带花冠的高帽子，这些我都认为漂亮到了极点，暗自打算一到了年龄就这样打扮起来。在时装图样后面，便是文学版面，有短篇小

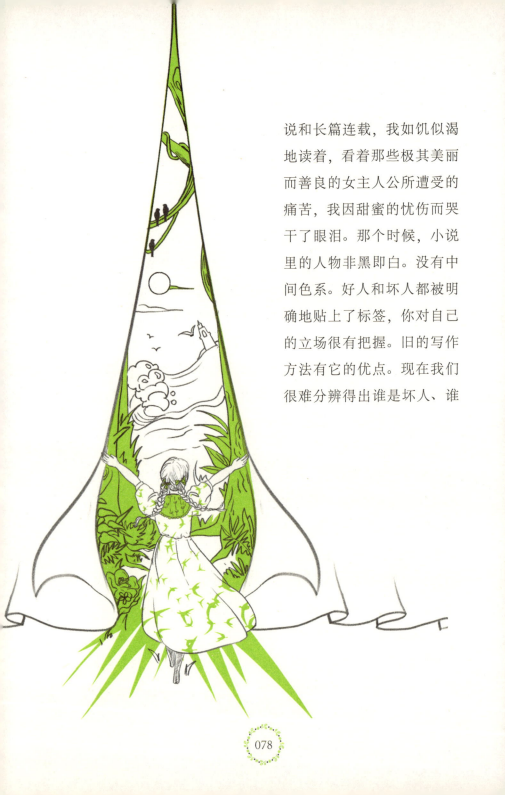

说和长篇连载，我如饥似渴
地读着，看着那些极其美丽
而善良的女主人公所遭受的
痛苦，我因甜蜜的忧伤而哭
干了眼泪。那个时候，小说
里的人物非黑即白。没有中
间色系。好人和坏人都被明
确地贴上了标签，你对自己
的立场很有把握。旧的写作
方法有它的优点。现在我们
很难分辨得出谁是坏人、谁

是英雄，而在《格迪妇女手册》里从未有过任何疑问。家里仅有的那些书都被我反复阅读。其中有几本是我特别喜欢的。有两卷红封面的《世界历史》，里面配有色彩粗放的图画，我对它们百读不厌。它们作为历史书乏善可陈，但是作为故事书，无疑是非常引人入胜的。它们从亚当和夏娃在伊甸园开始，一直写到"希腊的荣耀和罗马的伟大"，写到维多利亚女王的统治。

还有一本关于太平洋岛屿的传教书，我也是爱不释手，因为书里有许多食人族首领的照片，他们的发型都很特别。安徒生的童话带给我永恒的快乐。我一直喜欢童话，对鬼故事情有

老长老会教堂　1889 年摄于爱德华王子岛卡文迪什

独钟。是的，直到今天，我最偏爱的还是一个讲得很好的鬼故事，能够让我感到毛骨悚然的那种。但是切记，必须是真的鬼故事。故事里的鬼魂绝不能只是幻想的产物或吓唬人的东西。

我没有机会读到很多小说。那时候认为小说是不适宜儿童阅读的。家里仅有的几本小说是《罗布·罗伊》[①]《匹克威克外传》[②]和布尔沃-利顿[③]的《扎诺尼》。我反复地读了又读，直到整章内容都烂熟于心。

幸运的是，诗歌没有像小说那样被禁。我可以随心所欲地陶醉于朗费罗[④]、丁尼生[⑤]、惠蒂尔[⑥]、司各特[⑦]、拜伦[⑧]、弥尔顿[⑨]、彭斯的作品。童年时读过的诗，比成年时读过的诗更能根深蒂固地成为一个人气质的组成部分。诗的韵律与我成长中的灵魂交织在一起，并且从那以后，一直在我心灵的意识和潜意识中回荡："这是那些不朽者的音乐，是那些伟大而美丽的灵魂的音乐，他们逝去的脚步把泥土变成了圣地。"

但是在星期日，就连诗歌也被禁止。那个时候，我们可靠的备用读物是《天路历程》[⑩]和塔尔梅奇的《布道书》。《天路历程》我读了又读，总是能得到无尽的喜悦。我为此感到自豪，其实我在阅读塔尔梅奇的《布道书》时也能感受到同样的喜悦，但我并不为此觉得多么骄傲。那是塔尔梅奇的鼎盛时期，所有售卖宗教书的小贩都带着他的书，在我们看来，一本塔尔梅奇的新书就像今天的一本"畅销书"差不多。我不能说是宗教吸引了我，尽管我在那个年纪也非常喜欢塔尔梅奇系列，但真正吸引我的是那些奇闻逸事和生动的、戏剧性的文字图片。塔尔梅奇的《布道书》像小说一样有趣。我相信我现在已经没有耐心读它们了，但是我要由衷地感谢塔尔梅奇，他给一个渴望生活丰富多彩的孩子带来了快乐。

不过，我在星期天最喜欢看的一本书，是名为《安佐妮塔·彼得斯回忆录》的薄薄的小册子。这本书我一辈子都不会忘记。它属于一种如今已在地球上绝迹的类型——幸亏如此——但在当时非常流行。这是一个小孩子的传记，她五岁皈依了基督教，不久就病入膏肓，过了几年忍耐而虔诚的生活，在饱受巨大的折磨之后死去，年仅十岁。

这本书我准是读了不下一百遍。我认为它对我没有什么好的影响。首先，它使我的情绪非常沮丧。安佐妮塔实在太完美了，我觉得想要模仿她是根本不可能的。但我还是做了尝试。她似乎从来不用正常的儿童语言说话。哪怕有人只是问一声"安佐妮塔，你今天好吗？"，她也要引用一段经文或赞美诗来回答。安佐妮塔是一首完美的圣诗。她在赞美诗中死去，她最后一句轻声的呢喃是——

听啊，天使们在低语，

教友妹妹，就此离去。

我不敢在当面谈话时使用诗歌和赞美诗。我有一种比较健康的想法，觉得自己会被人嘲笑，而且，我还怀疑别人是否能听得懂。但是我尽力了，我在我的小日记本里一首接一首地写赞美诗，并且按照安佐妮塔的话来设计我的日记风格。例如，我记得我心情沉重地写道："真希望我此刻就在天堂，跟母亲、乔治·怀特菲尔德和安佐妮塔·彼得斯在一起。"

其实我内心并不希望这样，只是觉得应该这么写。事实上，我对我自己的世界，对我那种充满了"白菜与国王"的小日子感到非常满意。

---

①《罗布·罗伊》，英国作家司各特（1771—1832）的一部长篇小说，主人公罗布·罗伊是苏格兰高地的绿林好汉，聚众抢劫，杀富济贫。

②《匹克威克外传》，英国作家查尔斯·狄更斯（1812—1870）创作的长篇小说，讲述一位独身的老绅士匹克威克先生的种种滑稽可笑的经历，真实地描写和反映了19世纪初的英国社会广阔的生活画面。

③布尔沃－利顿（1803—1873），英国小说家和剧作家，主要作品有历史小说《庞贝末日》和剧本《黎塞留》等。

④亨利·沃兹沃斯·朗费罗（1807—1882），美国诗人、翻译家。最重要的贡献之一是拉近了美国文化萌芽与历史悠久的欧洲文化之间的距离。人们将他的半身像安放在威斯敏斯特教堂的"诗人角"，在美国作家中他是第一个获此殊荣的人。

⑤阿尔弗雷德·丁尼生（1809—1892），是英国维多利亚时代最受欢迎及最具特色的诗人，代表作品为组诗《悼念》。

⑥约翰·格林利夫·惠蒂尔（1807—1892），美国诗人，最著名的诗包括《赤脚的男孩》《笆笆拉》和《雪界：一首冬季田园诗》，被称为"新英格兰的罗伯特·彭斯"。

⑦沃尔特·司各特（1771—1832），英国著名的历史小说家和诗人，生于苏格兰的爱丁堡市。他以苏格兰为背景的诗歌十分有名，而后逐渐开始写作历史小说，成为英语历史文学的一代鼻祖。

⑧乔治·戈登·拜伦（1788—1824），英国19世纪初期伟大的浪漫主义诗人，代表作有《恰尔德·哈罗德游记》《唐璜》等，在诗歌里塑造了一批"拜伦式英雄"。

⑨约翰·弥尔顿（1608—1674），英国诗人、政论家，英国文学史上最伟大的六大诗人之一。代表作有长诗《失乐园》《复乐园》和《力士参孙》。

⑩《天路历程》，英国作家约翰·班扬（1628—1688）的长篇小说。讲述基督徒及其妻子先后寻找天国的经历，语言简洁平易，被誉为"英国文学中最著名的寓言"。

我会披上一件厚外套，写下这一天的"美文"，我把脚垫在屁股底下坐着，以免脚被冻麻，手指发僵，几乎握不住笔。

25 岁的蒙哥马利　摄于 1899 年

　　我这样详细地描写我童年的环境和各种事情，因为它们对我文学天赋的发展产生了重要影响。不同的环境会给这天赋带来不同的倾向。我想，如果没有在卡文迪什生活的那些年，《绿山墙的安妮》就不会被创作出来。

　　有人问我："你是从什么时候开始写作的？"我说："真希望我能记得。"我不记得我有不写作的时候，也不记得我有不想当作家的时候。写作一直是我的中心目标。我生活中点点滴滴的努力、希望和抱负都是围绕着写作。我是一个不知疲倦的小文人，说来可悲，一堆堆早已化为灰烬的手稿也证明了这一点。生活中的桩桩件件的小事，我都把它们写了下来。我描写我最喜欢的那些地方的景色，我给我的那么多猫写传记，我还写人物专访，写学校发生的事情，甚至写我读过的那些书的书评。

　　九岁那年的一天特别神奇，我发现自己竟然会写诗了。我当时在读汤姆逊①的《四季》。也许是机缘巧合，我无意间得到了一本黑乎乎、皱巴巴、印刷粗糙的《四季》。于是，我以无韵诗的形式，模仿《四季》写了一首"诗"——《秋天》。我记得是写在邮局使用的一种长长的红色"邮件总清单"背面的。对我来说，弄到我需要的那么多纸可不是一件容易的事，而那些美妙的邮件清单简直是上天的恩赐。邮局是外祖父经营的，每星期三次，都会有一张被丢弃的"邮件总清单"落到我手里，令我感激不尽。那时的政府不像现在这样节约，至少在邮件清单方面；它们当时有半米那么长。

至于《秋天》，我只记得它的开头几行：

秋天来了，满树的桃子和梨；
到处能听见冒险家的号角，
可怜的鹧鸪掉下来一命归天。

诚然，爱德华王子岛的任何季节都不盛产桃子和梨，而且我可以肯定，在我们爱岛省没有人听到过"冒险家的号角"，不过倒是偶尔会有人打鹧鸪。但是在那些光辉岁月里，我的想象力不受任何事实的束缚。既然汤姆逊写到了"冒险家的号角"之类，那么在我的诗里也不能缺少。

就在我写那首诗的当天，父亲过来看我，我自豪地把诗念给他听。他只是冷冷地说"听起来不太像诗"。这让我心情沮丧了一段时间。但是，如果对写作的热爱扎根于你的骨子里，那么你几乎是百折不挠的。我一旦发现自己会写诗，就想把所有的一切都写进诗里。我得出结论，父亲认为《秋天》不像诗是因为它不押韵，后来我就用押韵体写诗了。我写了大量关于鲜花、岁月、树木、星星和日落的长诗，还把《生命》这组诗献给我的朋友。

我在学校里有个好朋友叫阿尔玛，她也会写押韵诗。我和她都有一个无疑应该受到谴责的习惯，就是当老师欣慰地以为我们在做数学题、提高成绩时，其实我们是坐在教室的旧长凳上，一起在石板上写诗。

我们先用自己的名字写离合诗，然后开始给对方写诗，互相吹捧，极尽溢美之词。最后有一天，我们决定把学校里的老师，包括校长大人，都用动人的诗句写一遍。我们的石板上写得密密麻麻；每位老师都得到两段诗文，其中写校长的那两段极尽嘲讽之能事，写的是他跟卡文迪什几个美女的打情骂俏。我和阿尔玛正兴致勃勃地比较着我们的作品，站在我们面前听课的校长突然转过身来，把石板从我吓得不会动弹的手里拿了过去。多么恐怖！我站起来，以为肯定一切都完了。我不知道他为什么没读那首诗，也许因为他隐约怀疑到诗的内容，想保住自己的尊严。不管是什么原因，他默默地把石板还给了我，我倒吸了一口冷气坐下来，赶紧擦去那些不敬之词，唯恐他改变主意。阿尔玛和我都吓坏了，我们立刻悬崖勒马，永远放弃了一起坐在长凳上写诗的隐秘乐趣！

我还记得——谁能忘记呢？——我的作品第一次获得的嘉

奖。那时我大约十二岁，写了一沓子诗，小心翼翼地藏起来，不让别人看到，因为我对自己信笔写下的那些东西非常敏感，不敢去想人们会怎样看待和嘲笑它们。可是我又想知道别人对它们的看法，不是因为虚荣，而是出于一种强烈的愿望，想知道一个公正的审判官能否看出它们有什么价值。于是我用了一个小小的诡计。现在想来这一切都很可笑，也有点儿可怜，但我觉得自己似乎一直都在等待审判。如果判决对我不利，我将永远放弃我的梦想——这么说可能太夸张了，但梦想肯定会被冻结一段时间。

有一位女士来我们家拜访，她好像是个歌唱家。一天晚上，我怯生生地问她有没有听过一首名叫《夜之梦》的歌。

她当然没有，《夜之梦》是我自己写的一首诗，当时我把它看成一个杰作。现在这首诗已经无处可寻，我只记得开头的两节。我想它们在我记忆中留下了不可磨灭的印象，因为来访者问我是否记得这首歌的歌词，然后我用颤抖的声音背诵了开头的两节：

当傍晚的夕阳
　静静地沉落在西天，
我坐下来休息，
　沐浴着彩虹的绚丽光艳。

我忘记了现在和未来，

我把过去又重活一遍，

因为我看到昔日的好时光

纷纷地涌向我的面前。

这首诗完全是我的原创！一个十二岁的孩子竟有一个漫长的"过去"可以重活一遍！

念完了，我重重地吸了口气，但是客人正忙着做她的刺绣，并没有注意到我脸色苍白、全身颤抖。我真的脸色苍白，因为这一刻对我太重要了。她平静地说，她从未听过这首歌，但"歌词很美"。

我肯定是因为她在文学鉴赏方面的名声，才认为她的态度是真诚的。对我来说，那是我今生今世在这方面得到的最甜蜜的一点点嘉奖。那美妙的一刻无与伦比。我跑出了房子——它太小了，装不下我的欢乐，我必须跑到户外去——然后在白桦树下的小路上翩翩起舞，我高兴得发狂，在心中一遍遍回味她的那些话。

也许正是这件事，鼓励了我在那年冬天的某个时候辛辛苦苦地写出我的《晚梦》——说来可悲，写在一张纸的正反面！——寄给我们订阅的美国杂志《家庭》的编辑。我从未想过稿酬的事。说实在的，我当时好像并不知道写作是可以拿稿费的。至少，我早期的文学梦并没有被金钱方面的愿望所玷污。

唉！《家庭》的编辑没有像我们的客人那样恭维我。他把这首诗给我退了回来，虽然我并没有附上邮资用于退稿，我对这方面的要求一无所知。

我的雄心壮志一度被扼杀在萌芽状态。一年后我才从打击中缓过劲来。我又做了一次比较低调的尝试。我把《晚梦》重抄了一遍，寄给夏洛特敦的《审查官》。我相信《审查官》肯定会把它印出来，因为我经常认为《审查官》上刊登的一些诗歌并不比我的写得好，而且直到今天我都这么认为。

整整一星期，我都做着美梦，梦见在"诗人专栏"看到我写的诗，后面还署着我的名字。《审查官》来了，我带着颤抖的渴望把它打开。连一丝《晚梦》的影子也没见到！

我痛饮着这杯失败的苦酒。现在想来令人不禁莞尔，但当时在我看来却是可怕的现实和悲剧。我被碾压在耻辱的尘埃中，再也没有爬起来的希望。我烧掉了我的《晚梦》，后来虽然还是忍不住继续写作，但不再给编辑寄我的诗了。

诗歌并不是我写作的全部。我在开始写诗后不久，也开始写故事。《绿山墙的安妮》中"故事俱乐部"的灵感，就来自学生时代发生的一件小事。当时简妮、阿曼达和我都写了一

威尔士亲王学院一年级新生　1894 年前后摄于夏洛特敦

个情节相同的故事。我只记得那是个非常悲惨的情节，几位女主角在卡文迪什的沙滩旁游泳时都淹死了！唉，太让人伤心了！这是简妮和阿曼达第一次尝试写虚构作品，也可能是最后一次，但我当时已经写了很多故事，里面的人物几乎个个都死去了。《我的坟墓》是一个十分凄惨的故事，也是我的代表作。这个故事很长，讲的是一位卫理公会牧师的妻子的人生之旅，她每去一个地方都埋葬一个孩子。长子埋在了纽芬兰，最小的一个埋在了温哥华，整个加拿大，从东到西都点缀着这些坟墓。我以第一人称讲述这个故事，描写那些孩子，刻画他们的病床，并详细介绍他们的墓碑和碑文。

　　然后是《亮眼睛软软的一生》，这是一个洋娃娃的传记。我不忍心把笔下的洋娃娃写死，但让她经历了一次次磨难。不过，我允许她享受到了幸福的晚年，有一个善良的小女孩因为她经历的艰难险阻而爱她，不在意她的美貌已不复存在。

如今，评论家们说我的长项是幽默。其实，那些早期的故事里并没有多少幽默，至少，没有刻意而为的幽默。也许我在那些作品里把我心里的悲情都写尽了，只留下一股畅通无阻的幽默之流。我想，是对戏剧性的热爱，使我把这么多的人物置于死地。在现实生活中，我连一只苍蝇都不忍心伤害，一想到多余的小猫不得不被溺死，我就觉得很痛心。但是在我的故事里，战争、谋杀和突然死亡是家常便饭。

十五岁那年，我第一次坐火车，那是一次很长的旅程。我和祖父蒙哥马利一起去了萨斯喀彻温省的阿尔伯特王子镇，父亲在那里再婚并安顿下来。我在阿尔伯特王子镇待了一年，上了那里的高中。

距离我因为《晚梦》而受到羞辱已经过去了三年。这时，我那沉睡已久的野心又开始苏醒，重新昂起头来。我用押韵体写下了勒福斯角的古老传说，把它寄给了老家的《爱国者》，我再也不给《审查官》投稿了！

四个星期过去了。一天下午，父亲带回一份《爱国者》。上面登着我的诗！这是成功之杯上的第一个甜美的气泡，我当然因此而无比陶醉。这首诗里有一些可怕的印刷错误，简直令我毛骨悚然，但这毕竟是我的诗啊，而且登在一份真正的报纸上！看到自己的第一个可爱的思想结晶，用黑色字体刊印在报

14 岁的蒙哥马利摄于 1888 年

22 岁的蒙哥马利
1895 年前后摄于爱德华王子岛卡文迪什

纸上的那一刻，是一辈子都不会忘记的。就像母亲第一次看到自己新生儿的脸庞时，也会感到无比奇妙的敬畏和喜悦。

那年冬天，我还发表了一些别的诗歌和文章。我在一次征文比赛中写的文章，发表在了蒙特利尔的《证人》上，另外一篇描写萨斯喀彻温省的文章发表在阿尔伯特王子镇的《时报》上，并得到温尼伯的几家报纸的转载和好评。看到人们对《六月》以及登在倒霉的《爱国者》上的同类题材作品发表了几句溢美之词，我开始感到沾沾自喜，认为自己是一个颇有文学天赋的人。

但是，想发财的罪恶欲望正悄悄潜入我的心里。我写了一篇文章，寄给纽约的《太阳报》，因为有人告诉我这家报纸会付稿费。《太阳报》把稿子退还给了我。我受到打击，就像挨了一记耳光，但依然笔耕不辍。你看，我已经学到了从头至尾最重要的一课——"永不放弃"！

第二年夏天，我回到爱德华王子岛，在公园角度过了那年冬天，我教音乐，为《爱国者》写诗。然后我又在卡文迪什学院学习了一年，准备威尔士亲王学院的入学考试。一八九三年的秋天，我去了夏洛特敦，并于那年冬天进入威尔士亲王学院，攻读教师资格。

我还在不断地投稿并遭到退稿。但是有一天，我走进夏洛特敦的邮局，收到了一封薄薄的信，信封一角是美国一家杂志社的地址。信很短，通知我一首名为《只有一株紫罗兰》的诗被采用了。编辑给我订了两份杂志作为报酬。我自己留一份，另一份送给了一个朋友，那些杂志上尽是些乏味的小故事，但它们是我用笔挣来的第一份实在的报偿。

"这是一个开始，我要继续下去。"我在那年的日记里写道，"啊，不知道我还能不能写出一些有价值的作品。这是我最大的抱负。"

离开威尔士亲王学院后，我在爱德华王子岛的比迪福德教了一年书。我写了很多文字，也学到了不少东西，但我的投稿还是被退了回来，只有两家期刊采用了，但他们的编辑似乎认为文学本身就是一种回报，跟金钱的考虑完全无关。真奇怪我怎么没有在彻底的绝望中放弃。起初，当我辛辛苦苦写下的故

事或诗歌带着一张冰冷的退稿条被寄回来时，我常常感到非常痛苦。我偷偷摸摸地把那可怜的、皱巴巴的手稿藏在箱子深处，失望的泪水忍不住地流淌下来。但过了一段时间，我便习惯了，不再往心里去。我只是咬紧牙关，说道："我会成功的。"我相信自己，我暗暗地、默默地独自挣扎。我从不把我的雄心壮志、我的努力和失败告诉任何人。面对所有的挫折和回绝，我在内心的最深处知道，我总有一天会"抵达"。

一八九五年的秋天，我去了哈利法克斯，在达尔豪斯大学选修一门英国文学课，度过了一个冬天。冬季，我迎来了那个"至关重要的一星期"。星期一，我收到一封来自费城的青少年报纸《金色年华》的信，他们采用了我寄去的一篇短篇小说，并附上一张五美元的支票。这是我挣到的第一笔稿费。我没有把它浪费在享受生活上，也没有用它去购买必需的靴子和手套。我进城买了五本诗集——丁尼生、拜伦、弥尔顿、朗费罗、惠蒂尔。我需要一些可以永远珍藏的东西，用以纪念我的"抵达"。

就在那个星期的星期三，我得到了哈利法克斯《晚报》提供的五美元奖金，我写的《男人和女人，谁更有耐心？》被评为最佳来信。

我的信是以诗体写成的，我在一个不眠之夜，于凌晨三点钟起床，写出了这封信。星期六，《青年之友》寄给我一张十二美元的支票，是一首诗的稿费。一下子得到这么多钱，我真的感到有点飘飘然了。有生以来我从没有这么阔气过！

在达尔豪斯大学过完冬天后，我又在学校教了两年书。这两年里，我写了很多故事，主要是为主日学校的刊物和青少年杂志写的。我日记中的以下内容讲的就是这段时期：

整个夏天，在那些闷热不堪的日子里，我辛苦地笔耕不辍，编故事、写诗，我真担心我的骨髓会被烤化，我的大脑会被烤得嗞嗞作响。但是，我热爱我的工作！我喜欢编故事，我喜欢坐在我房间的窗前，把某个"翩翩仙女"的幻想写成诗歌。这年夏天我硕果累累，作品发表在好几本新的杂志上。它们种类繁多，口味也各有不同。我写了很多青少年的故事。我喜欢写这些东西，但若能不把"道德"生拉硬拽进来，乐趣会更大。一般来说，没有"道德"故事就卖不出去。所以"道德"不可缺少，根据我所面对的那个编辑的不同喜好，"道德"可以是直白的或隐晦的。我最喜欢写的——也最喜欢读的——是那种欢快有趣的故事，"为艺术而艺术"，更确切地说，"为娱乐而娱乐"，而不是像一匙果酱里埋着药丸一样，隐藏着阴险的"道德"！

我写作时并不总是炎热的天气。我在学校教书那些年的一个冬天，寄宿在一间非常寒冷的农舍。晚上，在学校紧张工作了一天之后，我累得一个字也写不出来。为了写作，我每天提早一个小时起床，雷打不动。整整五个月，我六点钟起床，点着油灯穿衣服。当然啦，壁炉的火还没生起，房子里冷得要命。我会披上一件厚外套，写下这一天的"美文"，我把脚垫在屁股底下坐着，以免脚被冻麻，手指发僵，几乎握不住笔。有时我写的是一首诗，我在诗中欢快地讴歌蔚蓝的天空、潺潺的小溪和鲜花盛开的草地！然后我把手焐暖，吃早餐，去学校。

人们偶尔会对我说："哦，我多么羡慕你有天赋，我多么希望能像你一样写作。"每当这时，我都不禁暗暗感到好笑，在我勤学苦练的那些漆黑、寒冷的隆冬的早晨，他们也会这么羡慕我吗？

---

①詹姆斯·汤姆逊（1700—1748），英国诗人，代表作长诗《四季》影响了后世多部伟大的音乐作品。

日记 I

　　外祖父于一八九八年去世，外祖母独自留在老宅。所以我放弃教书，住在家里陪她。一九〇一年，我开始用笔为自己赚取"能过日子"的收入，但这并不意味着我写的东西在第一次投稿时就被接受。远非如此。十份手稿中有九份被退了回来。但我一次又一次地把它们再寄出去，终于给它们找到归宿。下面摘抄的这段日记可看作一个里程碑，显示了我在这条路上的行程。

今天送来的《芒西》里有我的诗作《比较》，还配了插图。看起来真的很漂亮。最近我运气不错，又有几本上档次的杂志为这只四处流浪的小羊羔打开了通往文学荆棘之路的大门。我觉得我的诗在进步，越写越好。没有进步才奇怪呢，因为我是那么努力地学习和工作。时不常地，我写出的一首诗会像里程碑一样，标志着我的进步。回想起来，我知道我在半年、一年或四年之前是不可能写出这样的诗作的，就像我不可能用尚未织就的布料做成衣服一样。这星期我写了两首诗。换作一年前，我肯定写不出这种作品，但现在它们自然而然地从我的笔端流出。这使我得到鼓励，也许未来我能够做出一些有价值的成就。我从没想过要出名。我只是希望我在所选择的职业中，成为一个被公认的佼佼者。我真诚地相信这就是快乐，奋斗的过程越艰辛，成功的滋味就越甜蜜、越持久。

一九〇一年秋，我又去了哈利法克斯，在《回声报》——即《纪事报》的晚报版——工作了一个冬天。我从日记里摘录的下面这些片段，详尽地讲述了那段时期的经历。

一九〇一年十一月十一日

我独自待在《回声报》的办公室里。报纸已经付印，额外的校样还没有出来。在楼上的排字间里，他们在推动机器，发出阵阵可怕的噪音。窗外，发动机呼呼地喷着废气。里间办公室里有两个记者在争吵。而我坐在这里——是《回声报》的校对员和打杂工。跟上一份工作相比，这变化真够迅速的！

我成了在报社工作的女人！

是不是听起来挺美好？是的，现实也很美好。生活在地球上，必定是现实的，也会有现实的种种不如意。在报社的生活并不比其他任何地方更快乐逍遥。总的来说，这种生活倒也不坏！校对虽然枯燥，但我很喜欢。大标题和社论是最令我感到头疼的。大标题总是有一种天然的堕落倾向，而总编有一种喜欢用双关语的可怕习惯，经常使我大触霉头。我再怎么小心翼翼，"错误还是会偷偷溜进来"，然后就要付出代价。现在我做噩梦时，还会梦到报纸的头版标题错误百出，社论不知所云，总编在我面前怒不可遏，大发雷霆。

报纸两点半要付印，但我必须在这里待到六点，接电话、签电报、读额外的校样。

星期六的《回声报》增加了很多版面，其中一版是"社交通讯"。编辑这版内容通常是我的工作。我不能说很喜欢这件事，其实唯一让我打心眼里讨厌的是伪造社交通讯。这是新闻界惯用的一个花招。当某个地方——比如说温莎——没有及时发来社交通讯时，新闻编辑就会把一份《温莎周刊》扔在我面前，温和地说："蒙哥马利小姐，从这里头伪造一份社交通讯吧。"

可怜的蒙哥马利小姐只好乖乖地开始工作，编出一段关于"秋叶""风和日丽的日子""十月的霜冻"之类的开场白，或随便写几句应景的老生常谈。然后我仔细浏览一下《温莎周刊》的专栏，把有关婚礼、订婚、茶会等等的启事和新闻都剪下来，用书信的形式把它们胡乱拼凑一通，再伪造一个《温莎周刊》通讯员的笔名——你所要的社交通讯就搞定了！我以前还把葬礼消息也写进去，但发现新闻编辑把它们删掉了。显然，葬礼在社交界是没有地位的。

后来，我为星期一的《回声报》写一个专栏，内容五花八门。我称之为"茶桌周围"，并署上笔名"辛西娅"。

我的办公室在大楼的后面，窗外是一个后院，位于街区的中间。我不知道是不是哈利法克斯的所有洗衣女工都住在附近，但肯定有很大一部分住在那里，因为院子里的晾衣绳纵横交错，总是有各式各样的衣服挂在上面，欢快地迎风飘扬。猫在地上和屋顶上不停地徘徊，它们打架时，墙壁间回荡着它们的嗥叫。它们大多都是瘦巴巴的，一副忍饥挨饿的模样，但有一只可爱的灰猫趴在我对面的窗台上晒太阳，看上去很像达菲，看着它时，如果不是担心会把我的脏脸冲出一块干净的地方，我肯定会挤出一滴思乡之泪。这个办公室真是我待过的最容易让人变脏的地方。

我很难安排出足够的时间来写点东西。晚上无法写作，我总是累得要命。此外，我还得缝纽扣、补袜子。后来我采用了以前的做法，试着在早上六点起床。但还是一如既往地失败了。我总是不能像当年还是一个乡村"女老师"时那样早早上床睡觉，而且我发现没有一定时间的睡眠根本不行。

只有一个选择。

在此之前我一直认为，只有在不受干扰的独处中，才能使才华之火熊熊燃烧，哪怕写点粗制滥造的东西也需要安静的独处。我必须一个人待着，房间里必须安静。我从来没有想过我能在报社办公室里写作，因为每十分钟就有一卷卷校样要处理，人们凑过来聊天，电话铃响个不停，机器在头顶上被拖来曳去，发出噪音。我会嘲笑这种想法，甚至对它嗤之以鼻。但不可能的事情发生了。那个爱尔兰人说，人对任何事情都会逐渐适应，甚至会习惯被人绞死！我完全同意他的说法。

我把所有的业余时间都用来在这里写作，倒也不算写得很差，其中一部分是《裁剪师》《时髦人士》和《安斯利一家》。我已经习惯了在一段话写到一半时放下笔，去接待一个茫然无措的来访者，习惯了在推敲一段深奥的押韵诗时停下来，去读一大堆校样和乱七八糟的稿件。

一九〇一年十二月八日，星期六

最近，我一直忙得焦头烂额：处理办公室工作，写粗制滥造的文字，做圣诞礼物，等等，主要是"等等"。

"等等"之一是一项令我深恶痛绝的工作。它使我的灵魂畏缩。让肉体畏缩已经够糟糕的了，而当它撞击你的灵魂时，会严重地刺激你的精神和神经。对于所有在我们报纸上做广告的公司，我们要给他们的节日商品免费提供"评论"，我必须走访所有的商店，采访店主，把我收集到的信息整理成两份。每天下午三点到五点，我在商业区奔走，直到鼻子冻得发紫，手指也因为忙着做记录而变得发木。

凡事有弊也有利，我那不愉快的任务也带来了些许好处。一天晚上，我去"好商佳"采写稿件，那是哈利法克斯的一家女帽店，我发现店主非常和蔼可亲。他说他很高兴《回声报》派了一位女士来，为了鼓励报社继续做好事，他说如果我给"好商佳"写一篇精彩的评论，他会送我一顶崭新的便帽。我还以为他只是在开玩笑，没想到昨天那篇文章刊登出来时，帽子就出现了，而且是一顶非常漂亮的帽子。

一九〇一年十二月二十日，星期四

这个办公室里所有鸡零狗碎的杂活儿都交给了现在的抄写员。最奇怪的是昨天发生的一件事。

当时排字工人正在为周末版编排一个故事，题为《皇家订婚》，

109

取材于一份英文报纸，排到一半的时候，原稿丢失了。于是，新闻编辑要求我去给故事写一个"结尾"。起初我认为自己做不到。故事的结构尚不足以使我对最后的情节有任何想法。而且，我对王室的恋情了解有限，也不习惯写国王和王后的轻浮行为。

不过我还是写了起来，并好歹把它写完了。今天故事登出来了，到目前为止还没有人看出"拼接处"在哪里。不知道原作者看到了会怎么想。

顺便说一句，十多年后，我偶然在一本旧剪贴簿上看到了这个故事的原版，发现作者对情节发展的安排与我的完全不同，我感到非常有趣。

一九〇一年十二月二十七日，星期四

圣诞节已经过去。我本来一直很害怕，以为在一个陌生的地方会感到更加陌生。但是像往常一样，我多虑了，现实并没有那么可怕。我度过了一段非常愉快的时光，当然，还没有极度兴奋到危及生命、肢体或神经的程度，这无疑是恰到好处。

我过了一个假期，这是我来这儿后的第一个假期，我一整天都误以为今天是星期天。我和B在哈利法克斯共进午餐，然后和她一起消磨了整个下午。晚上我们去歌剧院看了《小牧师》。还不错，但远不如原书那么好。我不喜欢改编成戏剧的小说。它们与我对人物的想象总是存在偏差。不过，我还得写一篇评论这部戏的文章投给《编年史》，我真讨厌这件事。

一九〇二年三月二十九日，星期六

这个星期真是令人痛苦，有雨，有雾，还有神经痛。但我挺过来了。我读了校样，仔细审查了大标题，跟排字工人斗智斗勇，跟航运新闻编辑说笑打趣。为了得到一点"不义之财"，我炮制出了各种无可指摘的押韵诗，此外还发自内心地写了一首真正的诗。

我讨厌我粗制滥造的那些东西。但它使我能充分享受写一些好东西的乐趣，那才是我所崇拜的艺术的恰当体现。新闻编辑刚进来给我布置了一项明天的任务，该死。星期天是复活节，我还要为星期一的《回声报》写一篇教堂仪式之后宜人街"游行"的文章。

一九〇二年五月三日，星期六

我花了一下午的时间"删改"一本小说，供新闻编辑使用。他外出度假时，临时替代他的编辑开始在《回声报》上连载《阴影之下》。他本应该弄些有分量的东西来连载，结果却随便买了本轰动一时的小说。小说很长，刚连载到一半，新闻编辑就回来了。按现在这个节奏，要连载整整一个夏天，于是便要求我把它拿去，大刀阔斧地砍掉所有不必要的内容。我按照要求，删除大部分的亲吻和拥抱，三分之二的求欢，以及所有的细节描写，结果令人满意，我把它的长度缩减了大约三分之一，我只能祈祷："主啊，请宽恕这个把它削减成目前这个样子的排字工吧。"

今天晚上把我笑得够呛。我坐在电车里，身边两个女士正在谈论《回声报》上刚刚结束的长篇连载。"知道吗，"其中一个说，"我从没读过这么奇怪的故事。前面好几个星期拖拖沓沓，一章又一章，没有任何进展；接着，突然以短短八章草草收场。我真不明白！"

我本可以揭开这个谜的，但我没有。

PRIVATE POST CARD

THIS SPACE MAY BE USED FOR CORRESPONDENCE

THIS SPACE IS FOR ADDRESS ONLY.

安妮——她的名字并不是早有预谋，而是灵光一闪，突然出现在我想象中的，包括那个特别重要的"e"——这个人物逐渐变得丰满和立体，以至于我很快觉得她是真实存在的，并以一种不同寻常的方式深深吸引了我。

ANNE of
GREEN GABLES
by
L. M. MONTGOMERY

L. M. Montgomery.

一九〇二年六月，我回到卡文迪什，并在接下来的九年里一直待在那里。回来后的头两年，我还像以前一样只写短篇和连载故事。不过我开始盘算写一本书。写书一直是我的愿望和抱负。但是我似乎永远无法开始。

万事开头难，故事的开篇最让我头疼。只要写出了第一段，我便觉得好像完成了一半。剩下的就容易了。因此，开始动笔写一本书简直是一项无比艰巨的任务。而且，我不知道怎么才能找到时间来做这件事。我无法从日常的写作中抽出时间来。最终，我并没有刻意地坐下来，对自己说："开始吧！笔、墨、纸和情节都就绪了。开始写书吧。"事情就那样自然发生了。

我总是随身带着一个笔记本，每当想到什么情节、事件、人物或描述文字时，就把它们记下来。一九〇四年春天，我翻看着这个笔记本，想寻找一点灵感，为一家主日学校的报纸写一个短篇系列故事。我找到许多年前写的一则褪色的笔记："一对老夫妇向孤儿院申请领养一个男孩。孤儿院却误送来一个女孩。"我想这就够了。我开始粗略地设想出每一章的内容，构

思和筛选一个个事件，塑造我的女主人公。安妮——她的名字并不是早有预谋，而是灵光一闪，突然出现在我想象中的，包括那个特别重要的"e"——这个人物逐渐变得丰满和立体，以至于我很快觉得她是真实存在的，并以一种不同寻常的方式深深吸引了我。她令我着迷，我认为把她浪费在一个昙花一现的短篇故事里太可惜了。突然，一个念头冒了出来："写一本书吧。中心内容已经有了。你只需要把它们分散到多个章节里，形成一本书。"

最后就有了《绿山墙的安妮》。我是每天晚上在工作结束后写作的，多半是在那间小小的山墙屋的窗前，我已经在那间屋子里住了很多年。前面说过，我从一九〇四年春天开始写这本书，成书是在一九〇五年的十月。

第一本书出版以来，我一直被这样一个问题困扰着："你书里的那个那个什么，原型就是那个谁谁谁吗？"人们在我背后用的不是疑问句，而是肯定句。我知道许多人都声称自己认识我笔下人物的原型。就我个人而言，在我研究人性的这么多年里，从来没有遇到过一个可以被原封不动写进书里的人。任何一位艺术家都知道，百分之百准确地描绘生活，实际上表现的只是一种错误印象。他必须向生活学习，复制合适的脑袋和胳膊，选取点滴的个体、性情或精神特质，"取自生活，完善理想"。

但是理想，作家的理想，必须隐藏在这一切的后面。作家必须创造他的人物，否则人物就不会栩栩如生。

我从来没有直接从生活中抽取我书中的人物，只有一次例外。那次例外是《故事女孩》中的佩格·鲍文。即便是她，我也随意地做了自由发挥。我在书中使用了真实的地点和许多真实事件。但到目前为止，我是完全依靠自己的想象力来塑造书中角色的。

卡文迪什在某种程度上就是"阿冯利"。"情人的小径"是邻居农场的树林里一条非常漂亮的小路。那是我早些年最爱去的地方。"海滨之路"是真实存在的，就在卡文迪什和田园乡之间。不过"白色的快乐之路""威尔顿米尔"和"紫罗兰溪谷"却是从我的西班牙城堡移植过来的。人们都以为"闪光的湖"是卡文迪什池塘。其实不是。存在于我脑海里的那个池塘是在公园角，在约翰·坎贝尔叔叔家的坡下。但是我想，我在卡文迪什池塘所看到的那些光与影的效果，都被我无意识地付诸了笔端。安妮喜欢给一些地方起名字，这也是我自己的一个老习惯。我给旧农场里所有漂亮的犄角旮旯都起了名字。我记得我曾经起过"仙境""梦之乡""柳絮宫""无人区""女王的凉亭"等许许多多的名字。"林中仙女的水泡"纯属虚构，但"老木桥"是真实存在的。它是一棵被风吹倒的大树，横在小溪上面。它是我之前那一代人走的桥，被几百只脚来回踩踏过，像贝壳一样被掏空。泥土吹进桥的缝隙，蕨类植物和青草在桥身上扎根，蓬蓬勃勃地生长。桥的四周长满天鹅绒般的苔藓，下面是一条清澈的、阳光斑驳的小溪。

安妮幻想中的凯蒂·莫里斯其实是属于我的。我们的起居室里总是放着一个大书柜，用来摆放瓷器。每扇门上都有一面椭圆形大玻璃，隐隐地映照出整个房间。很小的时候，我在玻璃门上的每个映像在我的想象中都是"真人"。左边门里的是凯蒂·莫里斯，右边门里的是露西·格雷。我不知道为什么给她们起这样的名字。华兹华斯的那首歌谣①与后者毫无关系，因为我当时还没有读过它。事实上，我不记得自己刻意地给她们起过名字。在我的意识尚未出现之前，凯蒂·莫里斯和露西·格雷就住在书柜后面的童话屋里了。凯蒂·莫里斯像我一样是个小女孩，我非常爱她。我经常站在那扇玻璃门前，和凯蒂一聊就是几个小时，彼此推心置腹。我特别喜欢在黄昏时做这件事，那时炉火已经点燃，房间和玻璃里的映像都跳动着光与影的魅力。

露西·格雷已经长大成人，是个寡妇！我不像喜欢凯蒂那样喜欢她。她总是愁眉苦脸，总是有一大堆烦恼的伤心事要讲给我听。不过，我还是很周到地轮流去看她，生怕她的感情受到伤害，因为她嫉妒凯蒂，凯蒂也不喜欢她。这一切听起来完全像胡言乱语，但我无法形容她们对我来说有多真实。我每次走过房间，都会朝那边玻璃门里的凯蒂挥手打招呼。

著名的止痛剂蛋糕事件，是我在比迪福德一所学校教书，寄宿在那里的卫理公会牧师公寓时发生的。一天，漂亮的公寓

绿山墙农舍
1895 年前后摄于爱德华王子岛卡文迪什

情人的小径
1895 年前后摄于爱德华王子岛卡文迪什

女主人错拿了止痛剂给蛋糕当调味品。我永远也不会忘记那块蛋糕的味道，以及我们当时的欢乐场面，因为这个错误直到喝茶的时候才发现。当晚有个不认识的牧师在那里喝茶。他把他的那片蛋糕吃得一口不剩。他的感觉如何，我们不得而知。也许他把它想象成了一种新奇的调味品。

许多人告诉我，他们对《绿山墙的安妮》里马修的死感到遗憾。我自己也很后悔。如果能把这本书重写一遍，我会让马修多活几年。可是在写书的时候，我认为他必须死去，那样安妮才有必要做出自我牺牲，所以，可怜的马修也加入了我文学生涯中那支浩浩荡荡的亡灵大军。

公园角的池塘　1895 年前后摄于爱德华王子岛卡文迪什

　　书终于写完了。接下来就是找出版商。我用那台破旧的二手打字机把手稿打了出来，它的大写字母从来都不清楚，"W"根本打不出来。我把书稿寄给了一家新开的美国公司，他们最近刚出了几本畅销书。我想，跟老牌公司相比，在一家新公司出书的机会要更大一些。但是新公司很快就把书稿退了回来。接着我把它寄给一家老牌公司，那家老牌公司也把它退回来了。然后我把它先后寄给三家"介于新旧之间"的公司，他们都把它退了回来。其中四家附有冷冰冰的、打印的退稿信，有一家还"表示了不痛不痒的称赞"。他们写道："我们的读者反馈，他们从你的书里发现了一些可取之处，但还不足以保证能被广大读者接受。"

我泄气了。我把《安妮》放在衣帽间的一个旧帽盒里,决定等有时间了再把它拿出来,缩减成最初的七个章节。那样的话,我肯定至少能用它换到三十五,甚至四十美元。

书稿一直放在帽盒里,直到冬天里的某一天,我找东西时偶然发现了它。我开始一页页地翻看,零零散散地读了读。感觉没那么糟糕。"我再试一次吧。"我想。结果,几个月后,我在日记里写了一笔,意思是我的书被接受了。我当然是喜不自禁,之后我写道:"这本书可能成功也可能失败。我写这本书是为了爱,不是为了钱,但这样的书往往是最成功的,因为世界上所有从真爱中诞生的作品都是有生命的,而任何以金钱为目的构建的东西都不可能存活。"

"好吧,我的书写完了!经过这么多年的拼搏和奋斗,当年在学校那张褐色的旧课桌上的梦想终于实现了。梦想成真的感觉是甜蜜的,几乎和梦想一样甜蜜。"

当我写到这本书是否会成功的时候,脑海里想到的远远不是它后来实际获得的成功。我做梦也没想到年轻人和老年人都被它所吸引。我原以为十几岁的小女孩可能爱读这本书,她们是我唯一希望的目标读者。但是当了爷爷奶奶的人也写信对我说他们多么热爱《安妮》,还有大学里的男生。就在我写下这些文字的那天,收到了一个我完全不认识的十九岁英国小伙子的来信,他写道,他即将奔赴前线,想在离开之前告诉我,我的那些书,尤其是《安妮》,对他有着多么重要的意义。正是

从这样的来信里，一位作家发现自己所有的牺牲和辛劳都是值得的。

　　是的，《安妮》被出版商接受了，然而我不得不又等了一年，书才得以出版。一九〇八年六月二十日，我在日记中写道：

　　"今天，用安妮自己的话来说，是'我生命中的一个新纪元'。我的书今天收到了，刚从出版公司'新鲜出炉'。我坦率地承认，这对我来说是一个自豪、美妙、激动人心的时刻。

我手里捧着的，是我精神世界的所有梦想、希望、抱负和奋斗的现实产物——我的小说处女作。它不是一部伟大的作品，但它是属于我的，我的，我的，是我创造出来的。"

我收到从世界各地寄来的数百封关于《安妮》的信。其中有几十封不是写给我的，而是写给"爱德华王子岛，阿冯利村，绿山墙农舍，安妮·雪莉小姐"。这些信都是小女孩写的，她们真诚地相信安妮是有血有肉的真人，她们的执着让我感动，我总是不忍心毁坏那份信念。我收到的一些信令人忍俊不禁。有一封信从开头就不同凡响："我亲爱的失散多年的叔叔。"写信人接着称我为莱昂内尔叔叔——他似乎在多年前失踪了。最后，她恳求我给"心爱的侄女"写封信，解释我这么多年杳无音信的原因。还有几个人写信对我说，他们的生活也能写成非常有趣的故事，如果我愿意把它们写出来，并把收入分给他们一半，他们就把"那些素材"告诉我！这些信中，我只回了一封，那是一个年轻人写来的，还附了回信的邮票。为了尽可能委婉地打消他的念头，我对他说我不需要任何素材，因为我已经构思出了好几本书，足够我至少写十年的。他回信说，他有极大的耐心，愿意高高兴兴地等上十年，然后他会再写信来。所以，如果我自己的创造力枯竭了，可以随时向那个年轻人求助，他保证会给我提供"惊心动魄的生平故事"。

《绿山墙的安妮》已被翻译成瑞典文和荷兰文。那本瑞典文版的样书总是给我带来无穷的欢笑。封面是安妮的全身画像，戴着太阳帽，拎着那个著名的旅行包，头发是醒目的深红色！

　　随着《绿山墙的安妮》的出版，我的奋斗结束了。从那以后，我出版了六本小说。《阿冯利的安妮》一九〇九年问世，接着，同年出版了《果园的基尔梅尼》。后一个故事实际上比《绿山墙的安妮》早写了好几年，曾以另一个标题在一本美国杂志上连载。因此，当几个贤明的评论家说这本书在风格和情节上显示出"受到功成名就的潜在影响"时，我不禁莞尔。

　　《故事女孩》写于一九一〇年，出版于一九一一年。这是我在老家山墙小屋的窗前写的最后一本书，我在那里度过了多少快乐的创作时光啊。这是我自己最心仪的一本书，写作的过

卡文迪什学校的学生　1895年前后摄于爱德华王子岛卡文迪什

程给我带来极大的享受，其人物和风景在我看来再真实不过了。书中所有的孩子都是纯虚构的。那片古老的"国王果园"，是我们卡文迪什的旧果园和公园角果园的混合体。"佩格·鲍文"这个名字来自一个半痴半傻、如吉卜赛一样的人，她多年在岛上到处游荡，是我童年时代的恐怖阴影。我们这些孩子总是受到威胁：如果不乖乖听话，佩格就会来抓我们。威胁并没有让我们乖乖听话，只会让我们不开心。

可怜的佩格在不被取笑和激怒的时候，其实是不会伤人的。一旦她被取笑或激怒，就会变得很凶，报复心很强。冬天，她住在森林中的一间小茅屋里，春天一到，宽敞的道路对她产生了太大的诱惑，于是她开始四处流浪，一直流浪到冬雪再次降临。岛上大部分地方的人都知道她。她光着脚，没戴帽子，嘴里衔着烟斗，讲述着她在各个地方的奇特的冒险经历。偶尔，她会去教堂，大摇大摆地顺着过道走向一个显眼的座位。在这种场合，她从未戴过帽子、穿过鞋子，但当她想让自己显得特别有风度时，就在脸上、胳膊和腿上扑一些面粉！

我已经说过，南希和贝蒂·谢尔曼的故事是以事实为基础的。"范妮"号船长的故事也是如此。那个女主人公还活着，至少几年前还活着，仍然风韵犹存，基本上保留着当年俘获船长的心的美貌。"蕾切尔·沃德的蓝箱子"也是一个"真实的故事"。蕾切尔·沃德是我父亲的表妹伊丽莎·蒙哥马利，几年前在多伦多去世。从一八四九年直到约翰·坎贝尔去世，这个蓝箱子一直放在公园角坎贝尔叔叔家的厨房里。我们这些孩子很多次听过这个故事，当我们坐在蓝箱子上做功课或者吃睡前零食时，总是对箱子里的东西做出各种猜测和想象。

---

① 《露西·格雷》，英国诗人华兹华斯于 1799 年创作的一首诗，发表于他的《抒情歌谣集》中，描绘了一个名为露西·格雷的少女的死亡。

日记 II

　　一九一一年冬天，外祖母麦克尼尔去世了，享年八十七岁。我在公园角一直待到七月；七月五日成婚。两天后，我和丈夫乘坐"梅岗蒂克"号轮船从蒙特利尔出发，开始了在不列颠群岛的漫游。这又是一次圆梦之旅，因为我一直想去造访祖先的故土。从我的旅行日记中摘录的这几段，也许能唤起读者的兴趣。

星期四下午，我们去奥本、斯塔法岛和爱奥那岛游玩。我们是乘火车去的奥本，那里风景非常漂亮，尤其是敬畏湖的岸边，有一座破败的城堡。美极了，真的！然而，无论是在那里，还是在英格兰或苏格兰的其他地方，我领略到的美景，都比不上在家里的任何一个夜晚，站在"老教堂山"上眺望新伦敦港时所见的景色。不过——家乡没有破败的城堡，也没有城堡所代表的几个世纪的传奇！

奥本是一座风景如画的小镇，内陆港口的海岸边有一排房子，房子后面是郁郁葱葱、高耸入云的山脉。第二天早上，我们乘船去了爱奥那岛。那天是典型的苏格兰天气，前一小时还阳光明媚，紧接着就下起了阵雨，或大雾弥漫。我充分享受着那几个小时的航程。景致荒凉而粗犷，海角、海湾、岛屿和蛮荒的山峦——不用说，随处可见爬满了常青藤的城堡废墟——那是一幅不断变化的妙趣横生的全景图，充斥着往昔生活的幢幢阴影。

然后，库克旅行公司在船上举办了一个由法国游客组成的派对。他们没完没了地闲聊。特别是一个好脾气的老头儿，他有一张和蔼可亲的古铜色脸膛和一双闪闪发亮的黑眼睛，似乎是派对上的最高统帅。人们就某件事反复讨论，当争论达到一定的激烈程度时，他就会站起来，面对大家，使劲地挥舞手臂、雨伞和旅游小册子，以最权威的口吻和方式，一锤定音。

随着上午的时间渐渐过去，我对一切都失去了兴趣。破败的城堡，巍峨的高山，白色激流，幽灵鬼影，以及法国游客，全都失去了魅力。那天早上我曾忧心忡忡，因为听说斯塔法岛的地势崎岖，难以停靠，而我又满心渴望看到芬格尔山洞。然而现在，我对芬格尔山洞，以及其他任何世俗的东西，都统统失去了兴趣。有生以来，我第一次晕船晕得那么厉害。

没想到轮船竟然停在了斯塔法岛，两条小船把乘客运到岸上。我未予理会。这跟我有什么关系呢？海浪吓不倒我，倾盆大雨也奈何不了我，只有晕船令我崩溃！

不过，轮船现在停止了行驶，我开始觉得好受了些。小船返回来运送第二批乘客的时候，我已经感觉舒服多了，参观芬格尔山洞似乎再次成了头等大事。我高兴地爬上小船，和其他人一起来到岸边的"蛤壳洞"。我们从那里跌跌撞撞地走了好久，那段路好像永远也走不完——但实际上恐怕不会超过四分之一英里——我们抓着悬崖上的一根绳子，悬挂在最危险的地方，攀爬过海岸边那些又湿又滑的玄武岩柱。我早年经常在卡文迪什海岸的岩石上爬来爬去，所以爬得很顺利，还得到了那位不苟言笑的向导的称赞。但一些游客脚下不停地打滑，令人着实替他们捏一把汗。我永远忘不了前面提到的那个法国老头儿失声惊叫和四肢乱舞的样子。

其实没有人掉下去，最后，我们一个不少地来到了芬格尔山洞里，觉得所有的辛苦都得到了回报。

那是一个非常奇妙和壮观的地方，就像一座巨大的哥特式教堂。很难相信它只是大自然随心所欲的偶成之作。我想，当时的每个人都感到肃然起敬；就连那些性情冲动的法国游客也沉默了一会儿。我站在那里，聆听着海浪深沉而庄严的回声，想起了《圣经》里的一节："住在永远。"我觉得自己所置身的地方，真的是万能上帝的殿堂，不是凡人的双手所建造的。

我们继续前往爱奥那岛，在那里匆匆忙忙、跌跌爬爬地进行了短暂的探险。爱奥那岛作为圣哥伦巴①服务过的地方，还是很有意思的。他那座古老的大教堂还在。我更感兴趣的是早期苏格兰国王的墓地，据说他们大约有六十位，最后一位就是被麦克白杀死的邓肯②。他们都是古代的勇士，就这样被草草地埋葬了。他们长眠于斯，长眠于他们岛上的墓地，长眠于灰色的天空下。没有"铭刻传奇生平的骨灰盒"，也没有"栩栩如生的雕塑"，标识出他们安息的地点。每座坟墓上都简单地盖着一块磨损的、雕刻的石板。但他们依然在周围海浪永恒的低吟声中，睡得十分安详。

　　我真想在爱奥那岛待上几天，独自徘徊在那片闹鬼的废墟上，结识那里古雅有趣的居民。是啊，混迹于一群叽叽喳喳、高声喧哗的游客中间，走马观花地跑过这样的地方，实在没有什么乐趣可言。至少对我来说，独处是享受这些地方的必要前提。我必须独自一人，或者和几个"志同道合的人"在一起，才能梦想和沉思，才能把曾经住在那里、使那里闻名遐迩的各种人物带回到现实生活中来。

　　我们昨天乘船回到格拉斯哥，饱览了那里的景色。到达旅馆时，我感到很疲倦。可是收到家信时，所有的劳累顿时烟消云散。在异国他乡，这些家书读起来分外亲切！它们在海湾上架起大桥，使我看到了卡文迪什山脉，看到了公园角里那片郁郁葱葱的枫树。啊！旧大陆美则美矣，家乡才是我的心头之好。

伊万和蒙哥马利在蜜月中
1911 年摄于苏格兰格拉斯哥

星期一，我们和库克旅行公司的一位导游一起去了艾尔。一般来说，我们不喜欢库克派对，尽量单独行动。这次旅行倒是很愉快，除了我们，只有另外两个人，都是加拿大人，安大略省的 T 先生和 T 夫人。而且我们的导游也很出色。这一天的快乐因为两件事而打了折扣：一是大部分时间都在下雨，二是我的面部神经痛。虽然有这两点美中不足，但我还是陶醉在那片"所到之处无不鬼魅和神圣"的地方。我们看到了那间屋子——一间低矮、简陋的小屋，那里曾有一位佃农的儿子是"天赐的皇家之子"③，我们还造访了古老的阿洛韦教会遗址，它因汤姆·奥桑特④的历险而成为永恒的经典。

然后我们去了彭斯纪念碑，因为它在"景点"名单上，导游有义务履行他的职责。我对纪念碑没有什么热情。它们通常使我厌烦透顶。但是彭斯纪念碑有两点引起了我的兴趣：高地玛丽的一缕金发，以及她和彭斯在幽会作别、海誓山盟时用的《圣经》。可怜而可爱的高地玛丽！我想她不过是一个讨喜的乡下小姑娘，她的可爱和漂亮并未超过其他成千上万个活着和死去的姑娘，没有人为她们哭泣过，她们也没有得到过尊敬、受到过歌颂。但是，一位伟大的天才却把爱的光环抛给了高地玛丽，于是！她成了不朽的仙女，成了古老传奇中的一位美丽女子，她将会因为那个曾经爱过她的男人，而被世人永远记住。她和劳拉⑤、贝雅特丽齐、斯特拉、露卡斯塔⑥和茱莉亚是一类的，和阿弗斯十四行诗⑦中那个不知名的女人也是一类的。

星期三，我们去了特罗萨克斯。自从学生时代读过《湖上夫人》⑧之后，我就日夜期盼着到那里去探险。多少次我坐在学校的旧课桌后面，幻想着那片景色、那座山、那片湖，以及崎岖的山路，艾伦住在那里，菲茨－詹姆斯在那里徘徊，罗德里克·比布在那里郁郁寡欢，就像乌云笼罩着高地一般。我与自己约定，船一进港，我就去拜访那里。

我们在洛蒙德湖里航行到因弗斯内德，从那里坐了五英里的马车到卡特琳湖。在我尝试过的所有旅行方式中，我最喜欢马车。汽车完全没法跟它相比。很快，我们就到了斯特罗纳赫拉赫——它虽然名字很可怕，却是个很精致的地方，然后我们坐船，顺着卡特琳湖前往特罗萨克斯码头。

我无法判断卡特琳湖是否让我失望。我想多少有那么一点吧。它和我梦想中的一样美丽，但却不是我的卡特琳湖，也不完全是我心目中的"西班牙城堡"的卡特琳湖。我憎恨这种差异，就像一个人阔别多年归来之后，可能会憎恨他童年的家乡发生的变化一样。

湖的下游，当然比我从诗中得到的印象要小得多。而那著名的"银色海滩"，现在已小得可怜。自从格拉斯哥自来水厂开始供水以来，湖水上涨了好几英尺，把"雪一般洁白的鹅卵石海滩"完全覆盖。我带了一把鹅卵石回家作为纪念。但是我应该把我心目

新婚蜜月　1911 年摄于苏格兰

中的卡特琳湖留在我对《湖上夫人》的地理想象中。我对它的喜爱胜过实物。

我们乘坐马车穿过特罗萨克斯，来到特罗萨克斯酒店。特罗萨克斯山美丽壮观，也许在马车路修好之前，它曾经十分荒蛮，特别是某个天黑后匆匆赶路的流浪者肯定有充分的理由害怕"高地强盗"。但它远不是我想象中那种狂野、破碎、险峻的山谷。不，这不是我经常和菲茨－詹姆斯一同在特罗萨克斯徜徉的地方。

这家旅馆坐落在阿赫雷湖边一个可爱的地方。

　　　在异国他乡，我们上哪里找寻
　　　这么寂寥的湖，这么美丽的沙滩？

然而，阿赫雷湖的规模也比我预想的小。那天晚上，我们沿着湖边一直走到"土耳其帆船"，一路采摘着风信子和蓝铃花。苏格兰蓝铃花真是世上最美的东西！简直就是古苏格兰传奇故事的化身。

第二天早上，我们冒着瓢泼大雨，穿过特罗萨克斯来到卡特琳湖，雇了一个船夫划船送我们去埃伦岛，并绕岛转一圈。我似乎并不喜欢，因为它也不是我梦想中的小岛，我感到一种莫名的失望。

还好，本尼维斯山没有让我失望。它是那么巍峨醒目。我们不管走到哪里，都能看到古老的本尼维斯山，那么粗犷，那么壮观，"白色峰顶"周围云雾环绕。遗憾的是，我们住在那里的夜晚下雨了。我多么想看到本尼维斯山的日落景象啊。

一九一二年八月六日

上个星期一早上，我们乘火车去了梅尔罗斯，然后坐马车在最美丽的路上走了六英里，前往阿博茨福德。虽然我们是打算自己去的，但人算不如天算，最后还是跟一支库克旅行团为伍，这多少破坏了我们这一天的兴致。但是沿途的风景很优美，我们看到了被魔咒劈成三段的伊耳敦丘陵。阿博茨福德真可谓妙趣横生，到处可见我渴望独自梦想的古董遗物。但事实也许并非如此。房间里挤满了叽叽喳喳的人群，一个油嘴滑舌的导游说个不停。不知道司各特是否愿意他的家被一大群好奇的观光客霸占。

我们从阿博茨福德开车，去了司各特安葬的德赖伯勒。在这里总算摆脱了库克旅行团的那些人，我们加倍欣赏了那座宏伟的废墟。然后我们回到梅尔罗斯，参观了那里的修道院遗址。我们无法听从司各特的建议，在月光下观察这处古迹，但我相信，就像他断言的那样，他自己每次都是那样做的。不过，在金灰色的柔和暮光中，古修道院已经足够美丽，美丽而忧伤，小小的蓝铃花在它荒芜的院落里、在它古老的坟墓上生长。据说迈克尔·司各特①就长眠于此，罗伯特·布鲁斯②的心脏也葬在这里，毫无疑问，他的心脏按照他的意愿，被埋在圣地的土壤里，宁静地安息着。

梅尔罗斯还有一些精美的手工雕刻，那只高高举在一道拱门上的小手，看上去既漂亮又引人注目。是哪位美丽女子的手被凿在永恒的石头上？这让人忍不住想到是一位情人所为。星期三，我们动身前往因弗内斯，但中途停下来去看了基里缪尔，就是巴里小说中的"斯拉姆斯"。我特别想去看看多愁善感的托米和朋友们举行欢宴的那个"蜗居"。那是一处可爱的地方。有一点让我感觉像是在家里一样：它的道路——巴里称之为"粉红色"——跟我们爱德华王子岛的道路一样红。我可以想象自己就徘徊在"情人的小径"附近的树林里。

---

①圣哥伦巴（543—615），爱尔兰基督教教士，590 年与 12 名信徒去爱奥那岛建立教堂和隐修院，向苏格兰传教，使苏格兰信奉基督教，遂被尊为圣徒。

②麦克白，苏格兰莫瑞地区贵族，有王室血统和王位继承的可能。1034 年，国王马尔科姆二世去世，其外孙邓肯一世继位，麦克白对其不满。1040 年，邓肯一世率领军队与麦克白在莫瑞交战，邓肯一世被杀。

③指罗伯特·彭斯。

④汤姆·奥桑特，罗伯特·彭斯于 1790 年创作的叙事长诗《汤姆·奥桑特》中的主人公，该诗讲述了农夫汤姆·奥桑特酒醉之后在深夜回家的路上遇到妖魔聚会，差点因为自己的欲念送了性命的故事。

⑤劳拉，文艺复兴时期意大利画家乔尔乔内创作的名画《劳拉》（又名《一个年轻女人的画像》）中的形象。

⑥露卡斯塔，英国诗人理查德·洛夫莱斯以一位现实中不存在的女性露卡斯塔为对象创作了诗歌《致露卡斯塔》。

⑦阿弗斯十四行诗，法国诗人、剧作家费利克斯·阿弗斯为了表达自己的单恋之情创作了诗歌《秘密》，这也是他最著名的作品。这首诗被人称为"阿弗斯十四行诗"。

⑧《湖上夫人》，沃尔特·司各特1810年发表的一首叙事长诗，故事发生在苏格兰的特罗萨克斯地区。本段后面提到的艾伦、菲茨－詹姆斯、罗德里克·比布都是诗中的人物。

⑨迈克尔·司各特（1175—1232），中世纪著名数学家、学者，曾担任神圣罗马帝国皇帝腓特烈二世的科学顾问与宫廷占星师。

⑩罗伯特·布鲁斯（1274—1329），苏格兰历史上最重要的国王之一，在位期间，政体开明，司法公正，享有极高的威望。曾经领导苏格兰王国击退英格兰王国的入侵，取得民族独立。

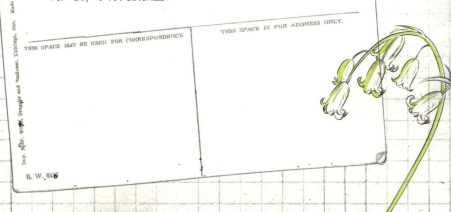

日记 III

　　我们在苏格兰游览过的所有地方中，到目前为止我最喜欢的是因弗内斯。它本身只是一座灰色的小镇，但周围的景色却十分壮丽。

　　在到达小镇的那天晚上，我们驱车前往卡洛登，那是一次单纯快乐的旅程，是我记忆中一个永不磨灭的亮点。一路的景色非常漂亮，我们很幸运地遇到了一个和善的老司机，他通晓历史掌故和各种传说，而且非常愿意用淳厚的、令人愉快的苏格兰英语娓娓道来。

　　第二天，我们参观了托姆纳胡里奇，它是因弗内斯著名的墓地。果然名不虚传，我相信它一定是世界上最美丽的墓园。它是城外的一座大山，矗立成一个完美的圆锥体，覆盖着茂密苍翠的树木。托姆纳胡里奇这个名字是盖尔语，意思是"仙女山"，不用说，这里肯定曾是一个神仙王国，是仙女们狂欢的地方。黄昏时分，在夕阳的映衬下，它看上去真是一个名副其实的"往昔浪漫之地"的所在。

我们从喀里多尼亚运河回到威廉城堡，然后乘火车从那里回来。沿途山上的日落景致美不胜收。如果能在大山附近住上一段时间，我应该会像热爱大海一样爱上这些山峦。

上个星期一，我们参观了罗斯林教堂，这是哥特式建筑的一个精美典范，保存完好。司各特的歌谣《美丽的罗莎贝尔》中写到的就是这座教堂：

罗斯林的将领们陈尸教堂，

教堂引以为傲，如烈火在燃烧。

星期三，我们离开爱丁堡，去阿洛厄看望朋友。星期四，我们"突袭"了多勒谷。这地方我以前没听说过，是阿洛厄的 M 先生告诉我们的，没想到，它是我们在整个苏格兰见过的最荒凉、最壮观的地方之一。如果司各特用他的天才之笔描写过，那么它一定会像特罗萨克斯一样广为人知。真的，这才是我想象中的特罗萨克斯啊。多勒谷就像一道深深的裂缝，贯穿了大山的心脏。

星期五，去了斯特灵和克雷格修道院，它们都是充满了浪漫气息的地方。昨天我们去了贝里克，准备在马米翁乡村待一星期。M

先生和 A 小姐也跟我们一起来了。贝里克是一座十分雅致的古镇。我们住在斯皮特尔这一边，所以不管想去什么地方，都得从那六七个古色古香的老船夫中雇一个划船送我们过河。昨晚，我们踏着月光，沿着斯皮特尔的岸边散步。那里很美，但是太像卡文迪什的海岸了，使我油然而生思乡之情。

上个星期铁路大罢工，整个英国陷入瘫痪，昨天晚上我们没能走得更远，所以星期天只能在卡莱尔度过了。我们在贝里克时倒没有遭受这种烦恼，也根本未曾留意。我们两耳不闻世间事，只徜徉在浪漫的国度里，渡船和马车是我们唯一想要的旅行方式。

上个星期一，我们去了圣岛，参观了老修道院的废墟，那是《马米翁》里的康斯坦斯·德·贝弗利去世的地方。我们愉快地坐船去了圣岛，但回家路上却大不如人意。大海波涛汹涌，那条可怜的小汽船颠簸得多么厉害啊！我们的两位先生都心力交瘁，不得不暂时退下去，我和A小姐只是靠着惊人的意志力才没有放弃，我想，如果我们放自己一马，就不会遭那么大的罪了！

幸运的是晕船不会要人的命，第二天，我们都做好了去游览诺汉姆城堡的准备，那是一处破坏很严重的废墟。

地上到处都长着一种小小的蓝花，我只在卡文迪什老宅门前的果园里见过这种花。那是曾外祖母伍尔纳从英国带过去的。此刻在古老的苏格兰城堡废墟周围看到这种花，我产生了一种痛苦和喜悦交织的复杂情感，因为城堡似乎完全属于另一个时代、另一种秩序。我们从诺汉姆走到雷蒂柯克，然后沿着特威德河走回来。累了的时候，就在岸边坐下，做做白日梦。还有什么地方比暮色中的特威德河岸边更适合做梦呢？

第二天，我们去了弗洛登菲尔德。我莫名其妙地感到很失望，到处都是那么宁静，一派庄稼丰收、五谷丰登的气息。我感到很委屈，就好像我有权利期待目睹一场中世纪的战争在我眼前展开似的。

星期四下午，我们进行了一次愉快的小探险，去了霍姆克利夫峡谷及其废弃的旧磨坊。那里可以作为一个鬼故事的发生地。我们在峡谷中间发现了一丛云杉树，树上挂满了树胶，这是我离开家后第一次见到树胶。看来，苏格兰人对云杉树胶以及采集树胶的乐趣完全一无所知。我们花了半小时采树胶。我和丈夫觉得树胶很是美味，但是M先生和A小姐都不喜欢它的味道，称它"发苦"。

英国约克，一九一二年八月二十七日

上个星期一，我们去了凯西克，在那里一直待到星期四。湖区的美丽，再怎么形容也不过分：

> 最高傲的心也能感到满足，
> 在这里快乐地生活一辈子。

湖区与英国文学中的许多优秀作品有着千丝万缕的联系。华兹华斯的精神，似乎一直萦绕在那些迷人的山谷、荒野的小径，以及那些童话般的湖泊之间。

星期一下午，我们乘马车绕着德温特湖兜了一圈。一切都那么美。令人饶有兴趣的是巨石城堡，在司各特的《特里亚明的婚礼》中，它被塑造成圣约翰的魔法城堡。只有一个地方能看出它和城堡的相似之处——据说像得惊人——可惜我们运气不佳，没能从那个特别的角度看到它。

星期二，我们去了巴特米尔湖；星期三，开车绕着温德米尔湖行驶了八十英里。山顶上一些巨石的形状非常奇特。其中一个叫"弹风琴的女子"，就在一座大山的山顶上，从某种角度看，确实很像一个女人坐在巨大的风琴前。不知怎的，它吸引了我的想象力，我围绕它编织出了一百种幻想。这位永远坐在那巍峨的乐器前的演奏者是谁呢？当天上的风在她的身上吹，狂风在她的周围呼啸，大山的风暴隆隆地响起，伟大的星星驻足聆听的时候，她在风琴上弹奏的是什么美妙的旋律呢？

那天晚上，我们步行走到德鲁伊之环——位于山顶上的一大圈石头，据说在古代是一座太阳神庙。

在此之前，我所看到的一切都没有给我留下这样深刻的印象。

地理位置绝好。这座山的周围环绕着湖区最著名的山脉，其中包括赫尔维林峰和斯基多山，给人以一种无比庄严巍峨的感觉。毫无疑问，古代的那些太阳崇拜者很会挑选好地方。夕阳西下时，站在信仰已不复存在的圣殿里，周围是永恒的群山环绕，想象着曾经在那里举行过的仪式——也许是黑暗而血腥的——这真是一种永生难忘

德鲁伊之环
1911 年摄于英格兰凯西克

的体验啊。

星期五，我们来到约克，主要是为了参观那座宏伟的大教堂。它确实很壮观，像一个美丽的梦，用石头筑成，使之永恒。

昨天下午，我自豪而快乐地拥有了一对瓷狗！

我在英格兰和苏格兰一直到处寻觅瓷狗。小时候，我去蒙哥马利祖父家做客，最令我着迷的是一对瓷狗，它们总是放在客厅的壁炉架上。瓷狗是白色的，身上布满绿色的斑点；父亲告诉我，每当瓷狗听到午夜十二点的钟声敲响时，就会跳到壁炉前的地毯上汪汪叫。于是我想，总有一天晚上我要熬夜到十二点，亲眼看看这场表演。我的请求被家长拒绝时，我觉得他们心肠好狠。最后我发现——忘记是怎么发现的了——瓷狗根本没有做过这件事。我感到非常失望，但更令我伤心的是，我发现父亲对我说的一些话不是实话。可是父亲指出，他只是说狗听到钟敲响时会跳下来，瓷狗当然是听不到的，于是，我又恢复了对他的信任。

我一直渴望拥有一对类似的狗。那一对狗是在伦敦买的，所以我希望我来这里时，能够找到它们的同类。我每到一个地方都会去逛古玩店，但直到昨天还是一无所获。当然，狗有很多，但不是我

瓷狗　1918年前后摄于利斯克代尔庄园客厅

想要的狗。黑斑点狗和红斑点狗都有一大堆，却哪儿也找不到带绿斑点的贵族狗。

昨天，在大教堂附近的一家小古玩店里，我发现了一对可爱的狗，立刻就把它们抢在了手里。当然啦，它们没有绿斑点。有绿斑点的狗似乎已经灭绝了。但我的这两只狗有可爱的金色斑点，而且比公园角的那一对旧狗大得多。它们有一百多年历史了，但愿它们能以应有的尊严和风度管理我的那些传家宝。

在过去的两个星期里，我脑子里塞了太多的东西，有一种精神上吃撑了的感觉。可是，时间有限，风景无限，焦虑的旅行者还能怎么办呢？大英博物馆、伦敦塔、威斯敏斯特大教堂、水晶宫、肯尼沃斯城堡、莎士比亚故居、汉普顿宫、索尔兹伯里和巨石阵、温莎城堡，以及那么多的庭院和花园！

我们住的酒店在罗素广场，是《名利场》^①中很多角色出没的地方。似乎随时能看到爱米莉亚从窗口探头寻找乔治，或者贝基在寻找乔斯。

下午在肯尼沃思城堡玩得很开心。当然，我们不得不忍受一个导游的纠缠，但是我成功地把他忘在脑后，独自漫步在浪漫的小路上。我看到了当追求者莱斯特^②在取悦高冷的伊丽莎白^③时，肯尼沃思的那份骄傲。我想象着可怜的艾米·罗布萨特^④卑微地走进她本应作为女主人统治的大厅。他们，昔日那些五光十色的人物，从过去蜂拥而来，活着，爱着，恨着，像从前一样各怀心机。

上个星期四，我们去参观了圣殿教堂，奥利弗·哥尔德斯密斯^⑤

就葬在那里。教堂古色古香，坐落在一个绿树成荫的广场，尽管外面的佛里特街上人声鼎沸，但教堂就像卡文迪什的街道一样宁静。然而当我回忆那个广场时，我想起的并不是古色古香的教堂，和可怜的诺尔的坟墓。不，我会想起一只非常迷人、很有绅士派头的小猫，它举止优雅，从一座房子里出来，穿过广场来迎接我们。它高大、英俊、威严，任何人只用半只眼睛就能看出它属于顶级上流阶层。我拍了拍它，它发出非常悦耳的呼噜声，在我的靴子上蹭来蹭去，就好像我们是多年的老朋友，也许是前生前世的故知。绝大多数的猫都会缠着我们，跟随我们去奥利弗的墓前，有时候真的很难摆脱。然而这位卡拉巴斯侯爵⑥不是这样。它郑重其事地坐下来，等待我们造访过坟墓后回到它坐的地方。然后它站起来，让我们拍拍它作为告别，好脾气地摇晃着尾巴，煞有介事地回到刚才出来的那道门里，以最无可指摘的方式尽到地主之谊。它确实让世人看到了一只猫的稳重可靠！

　　我们下星期四乘"亚得里亚海"号返航。我很高兴，因为我已经饱览了风景名胜。现在我只想回到加拿大，把那些分散的家庭守护神召集在身边，举行一个新的献祭仪式。

我的丈夫是安大略省教会的牧师，所以我不得不离开爱德华王子岛，搬去安大略省。我婚后出版了四本书：《阿冯利编年史》《黄金之路》《岛上的安妮》和《守望者》，最后一本是诗集。

经过多年的艰苦奋斗，我攀上了这条"阿尔卑斯山的小路"。登山并不容易，但即使是在最艰难的拼搏中，也存在着只有那些渴望攀登高峰的人才能领略的喜悦和激情。

> 不敢追随空灵之声的人，
>
> 永远无缘戴上不朽的王冠。[7]

没错，说得太对了！我们必须追随"空灵之声"，在痛苦、挫折和黑暗中追随它们，在质疑和怀疑中追随它们，在屈辱的低谷和奇妙的山巅——甜美的事物会诱惑我们偏离自己的追求——追随它们，我们必须一直追随，永不停步，才能抵达"遥远的神圣之地"，在那里眺望我们"圆梦之城"的高耸的塔尖。

---

① 《名利场》，英国作家威廉·梅克比斯·萨克雷创作的长篇小说，后文提到

的爱米莉亚、乔治、贝基和乔斯都是《名利场》中的人物。

②莱斯特，指伊丽莎白一世统治时期的大臣、莱斯特伯爵罗伯特·达德利。

③伊丽莎白，指都铎王朝的最后一任国王伊丽莎白一世。

④艾米·罗布萨特，伊丽莎白一世统治时期的大臣罗伯特·达德利的妻子。

⑤奥利弗·哥尔德斯密斯，18 世纪著名的英国剧作家，1730 年生于爱尔兰。
写作风格均是以嬉笑怒骂的形式，借以讽刺时弊，最著名的两出喜剧是《善性
之人》及《屈身求爱》。

⑥卡拉巴斯侯爵，见于法国作家夏尔·佩罗（1628—1703）的童话作品《穿靴
子的猫》。

⑦出自英国诗人约翰·济慈的叙事长诗《恩底弥翁》。